中国・韓国が死んでも隠したい本当は正しかった日本の戦争

黄文雄
Kou Bunyu

徳間書店

はじめに

戦後約70年を経過したが、いまだに中国・韓国は日本を歴史問題で批判し、しかもそれはますます激越になっている。

しかも、両国は日中戦争や大東亜戦争のみならず、日清戦争も日露戦争も、開国維新後の日本が関係したすべての戦争を「侵略戦争」だと喧伝し、さらには日本軍の「残虐行為」を捏造して、二重に日本の戦争を歪曲《わいきょく》しているのだ。

国家・民族・文化・文明が違えば、戦争と平和についての考え方（戦争観や戦略戦術）も違い、戦争の「かたち」（戦争様式）も異なる。

中国大陸は戦乱のない時代はなかった。朝鮮半島は1000年以上にもわたり中華歴代王朝の属国にならざるを得なかった。一方、日本は江戸時代に270年近くも平和を維持することができた。

そうした違いの背景には、大陸、半島、列島における地政学的、生態学な差異がある。

もっと具体的にいえば、自然の摂理と社会の仕組みが違うのだ。だから戦争のかたちも戦争観から歴史観に至るまで、おのずと異なってくる。

そして日中韓の差がもっともはっきり出たのが、19世紀から20世紀にかけての世界的な変化への対応だった。

19世紀は西欧列強の時代であり、その波がアジアに到来した時代でもあった。その時代の波に翻弄され、中国では天下大乱が頻発し、朝鮮では事大（大国に仕える）主義がますます強化されていったが、アジアで日本だけは開国や維新で新たな生存条件に対応することができ、列強の時代に植民地に転落せずに生き残れたのである。

中国や韓国は、明治維新後の日本の対外戦争はすべて侵略戦争だったと規定するが、しかし日清、北清、日露、日中、大東亜、日米戦争に至るまで、わずか半世紀に日本が戦ったのはすべて自分よりも大きな国が相手であった。もちろん当時は、世界も日本自身もそう見ていた。中国は現在でも日本を罵《ののし》る際に「小日本」と言うが、まさしく当時の日本は小国だったのだ。

そのことさえわかれば、単に侵略史観で日本の戦争を語れないはずである。

戦争の是非は決して一方的に決められるものではない。こまごまとした歴史的ハプニングの積み重ねや、直接・間接的なきっかけもある。避けられない戦いというものもある。

そして日清から大東亜戦争までの約半世紀を時系列に追っていけば、日本の戦争はあくまで受けて立つ戦争であり、挑戦に対する応戦であったことは間違いない。

日本には日本の大義、道義があった。また、本書で述べているように、連合国最高司令官であったマッカーサーですら、日本の戦争は「自衛のため」であったと証言している。

本書を一読されれば、中国や韓国が日本を批判する資格がないことがわかるだろう。むしろ、日本に感謝し、謝罪すべきなのは彼らのほうだということが理解できるはずだ。

2014年2月

黄文雄

中国・韓国が死んでも隠したい本当は正しかった日本の戦争——目次

はじめに　1

第一章　アジアの秩序を塗り替えた日清戦争——11

◎中国・韓国が批判する「日本の最初の対外侵略」
◎大清帝国の東亜征服戦争とその限界
◎中華帝国の対外戦争は常に懲罰戦争だった
◎朝鮮半島の事大主義が日清の対決の遠因
◎清の日本挑発と東学党の乱

◎予想は「清帝国圧勝」だった
◎私兵化する清軍の見えざる弱み
◎開戦詔勅が語る時代感覚の違い
◎小が大を制した日清戦争での日本の勝因
◎日清戦争後に激変したアジアの国際力学
◎混乱のカオスへ落ちる中華世界
◎日清戦争のおかげで独立できた朝鮮半島

第二章　近代日本の強さを世界に知らしめた北清事変

――63
◎19世紀、すでに内側から腐りつつあった清朝
◎天下大乱に明け暮れた近代中国
◎義和団とはどんな集団か
◎義和団の乱を利用して万国に宣戦布告した西太后の愚

◎8カ国連合軍、北京に出兵
◎北京市民から熱烈に歓迎された日本軍
◎北京の守り神となった柴五郎
◎列強を驚かせた日本軍の武士道精神
◎清も感謝した日本の勧告
◎北清事変により飛躍した日本への評価

第三章　世界史を変えた日露戦争の勝利

◎ロシア帝国の東進と南下という脅威
◎再び火種となった朝鮮王朝の内紛
◎戦雲立ち込める開戦前夜の日露
◎露清秘密条約後におけるロシアの極東進出
◎日本の存亡を賭けた祖国防衛戦争

◎勝敗を決めた陸の大会戦
◎世界を驚嘆させた日本海海戦
◎日本の生命線となった満州
◎日本の勝利に熱狂したアジア諸民族
◎日露戦争が20世紀の世界秩序を変えた

第四章 日中戦争――歪められた歴史の事実――

◎20世紀初頭は中国史上最悪の内戦時代
◎変わりゆく内戦の主役と戦争の性格
◎「日本に学ぶ」から「反日・抗日」へと転換した背景
◎戦争に消極的だった日本を巻き込もうとする中国
◎コミンテルンが仕掛けた日中全面戦争
◎開戦1年後は実質的に南京・重慶・延安3政府の内戦だった

◎中国が捏造し続ける「日本軍暴虐」の数々
◎暴露された「日本軍の仕業」の真相
◎日中戦争が果たした歴史的貢献
◎日中戦争で日本は「奪った」のではなく「与えた」

第五章　世界的な植民地解放につながった大東亜戦争――189

◎白人の不敗神話を打破した大東亜戦争
◎東南アジアの植民地化と日本による「東亜の解放」
◎大東亜戦争とはいかなる戦争だったのか
◎現在も輝き続ける大東亜共栄圏の理想
◎大東亜戦争により続々と独立したアジア
◎アメリカの日本に対する敵意
◎「持たざる国」日本が迫られた選択

◎開戦を決めたのは日米どちらだったのか
◎なぜ日本は超大国に挑み続けたのか
◎中国・韓国は日本を非難する資格がない
◎戦犯など日本には存在しない
◎大日本帝国の語られざる歴史的貢献

おわりに　243

装　幀　井上新八
編集協力　佐藤文子
写真提供　picture alliance／近現代PL／アフロ、AFP＝時事／dpa／朝日新聞社／時事通信フォト

第一章　アジアの秩序を塗り替えた日清戦争

中国・韓国が批判する「日本の最初の対外侵略」

中国や韓国では、日清戦争（1894〜1895）を日本の最初の侵略戦争だとして、批判している。

とくに中国では、日清戦争は「甲午《こうご》戦争」と呼ばれ、尖閣《せんかく》諸島もこのときの戦いで日本が盗みとったという、明らかな嘘で領有権を主張している（実際には日本政府は日清戦争の10年前の1885年から尖閣諸島を日本に編入できるか入念に調査し、日清戦争終結前の1895年1月に正式編入した）。

韓国も、この日清戦争で日本が勝利したせいでアジア侵略が加速し、日韓併合《にっかんへいごう》へと向かわせたと断じているが、これも事実とは異なっている。実際には朝鮮はこの日清戦争で、1000年以上も続いた中華帝国の属国という地位からようやく解き放たれ、独立したのである。

これについては後述するが、その後、日韓併合の道へと進むのは、朝鮮に独立国家としての気概がなく、国家財政も破綻《はたん》状態で、どうやっても自立することができなかったからである。そのため、「日清・日露戦争に勝利した日本に併合してもらい、近代化すべきである」と考える朝鮮人が増えていったのだ。

一方、当時の朝鮮王朝は、大国に仕える「事大主義」が染み付いていたため、後述する日清戦争後の三国干渉《さんごくかんしょう》に日本が屈すると見るや、「日本は弱い」と侮り、ロシアに接近して日本を翻弄《ほんろう》するようになる。そしてそれが日露戦争の遠因ともなるのである。

こうして、やむなく日本は日韓併合へと進んだのであり、日本国内にも併合を反対する意見があったほどだった。

それはともかく、中韓は日清戦争を「日本による悪の戦争」として、内外に宣伝している。しかし、それはまったく間違っている。当時の清は、自ら大国を任じ、各国も「眠れる獅子《しし》」と思っていた。それは日本も同じだった。

他国を侵略するには、国力に差がないと不可能だ。強い国が、弱い国を攻めることでしか「侵略」はできない。しかし、当時の日本が清より強国だとは誰も思っていなかった。

当時の清はアジア最大の軍事国家であり、1882年に福沢諭吉の書いた『兵論』によれば、清の兵力は108万人、対する日本は7万4000人だった。だから日本が勝利したことに、世界が驚いたのだ。

日本にとって日清戦争とは、小国が大国に挑む、まさに国家の運命を賭けた戦いだったのである。

では、日清戦争はなぜ起きたのか、その歴史背景を見ていこう。

大清帝国の東亜征服戦争とその限界

日本史でそれぞれの時代を鎌倉時代、室町時代、江戸時代……と区分するのと同じ感覚で、中国史を宋《そう》王朝、元《げん》王朝、明《みん》王朝、清《しん》王朝……と覚えている人は多いだろう。しかし、日本の幕府の交替と中国の王朝の交替は、まったく別のものだ（中華歴代王朝の中に「大」がつくのは元・明・清の三王朝のみ）。

鎌倉幕府の源氏や北条氏、室町幕府の足利氏、江戸幕府の徳川氏など、それぞれの時代の為政者《いせいしゃ》一族は異なるものの、みな日本人であることは変わらない。しかし中国の場合、元王朝はモンゴル人、清王朝は満州人が、もともとの中国の王朝を滅ぼして打ち立てた王朝であり、ひとつながりの歴史と言っていいかどうかも怪しい。

異民族が中国の主要民族である漢人を支配するのは珍しいことではない。五胡十六国《ごこじゅうろっこく》時代（304～439）に中国北部を征服した北方諸民族、やはり中国北部に遼《りょう》王朝（916～1125）を建てた契丹《きったん》人や金《きん》王朝（1115～1234）の女真《じょしん》人などは、いずれも万里の長城を越えて中国に侵入してきた騎馬《きば》民族であり、漢人の言葉では「夷狄《いてき》（未開人・野蛮人)」だった。

現在の中国が日清戦争を中国人と日本人との戦いであるかのように喧伝するのは、そもそも誤りなのだ。

中国最後の王朝となった清の成り立ちを、ここで振り返ってみたい。

満州人の先祖は、金王朝を建てた女真人である。金王朝はモンゴル人の元(1271〜1368)によって征服され、その後は漢人が明王朝(1368〜1644)を建国した。その間、女真人は独立した国家をつくることができず、建州《けんしゅう》女真《じょしん》、海西《かいせい》女真、黒龍江《こくりゅうこう》流域の野人《やじん》女真の三つに分かれて、北元(元の後継国家)、明、朝鮮に臣従していた。

1616年、建州女真のアイシンギョロ・ヌルハチが、各地に散らばった女真族を統一して後金《こうきん》国を建国する。そしてヌルハチの子、2代目のホンタイジ(皇太極)は北元からモンゴル帝国の国璽《こくじ》(国家の表象としての官印)を譲り受け、モンゴル帝国大元王朝の後継者となった。

この満蒙《まんもう》連合帝国(満＝満州人(女真人)、蒙＝蒙古(モンゴル))の皇帝となったホンタイジは新たに「大清」を名乗り、八旗《はっき》軍と呼ばれる軍隊を主力に、1627年に朝鮮を征服(丁卯胡乱《ていぼうこらん》)。八旗軍は満州人の組織だったが、やがてモンゴル人や漢人も加えて強大になり、大明《だいみん》帝国と戦いを繰り返した。

しかし、最終的に明を滅ぼしたのは清ではない。1644年、反乱軍の指導者だった李《り》自成《じせい》が明を滅ぼして大順《だいじゅん》王朝を建国したものの、清の3代君主となった順治帝《じゅんちてい》が間もなく北京に入城し、李自成を追い出して中華の皇帝となった。しかし順治帝は24歳で亡くなり、征服戦争は4代目の康熙帝《こうきてい》に受け継がれた。

康熙帝は1673年に三藩《さんぱん》の乱（雲南・広東・福建で起こった漢人武将の反乱）をほぼ平定し、中国を完全統一。さらに5代目雍正帝《ようせいてい》・6代目乾隆帝《けんりゅうてい》の約130余年間で、清帝国は領土をますます拡大していった。

最後の遊牧《ゆうぼく》帝国ともいわれるモンゴル系のジュンガルは、チベット、西域・回部《かいぶ》（後の新疆《しんきょう》）、外モンゴルにまたがる大帝国を築いた。しかし清との100年近く続いた戦いの末、乾隆帝の時代にほぼ征服され、その広大な領土も清の勢力範囲となったのである。同じく乾隆帝の時代に西南部の貴州《きしゅう》、ビルマ、ベトナムまでが征服され、清の領土は最大限に達した。

これらの被支配地域は、朝貢秩序《ちょうこうちつじょ》と呼ばれる中華独自の支配システムに組み込まれた。これは中華の皇帝に周辺諸国が貢物《みつぎもの》を捧げて主従関係を結ぶもので、帝国内の本部18省（内中国とも呼ばれる）の他には次のような関係があった。

・満州……入植《にゅうしょく》禁止の天領《てんりょう》（帝国が直接治める地）
・モンゴル、回部（新疆《しんきょう》）、チベットなど……藩部。将軍や大臣を置く従属関係の半自治国（外様大名）
・朝鮮、ベトナム、シャム（タイ）など……朝貢国《ちょうこうこく》
・ビルマ・ネパールなど……準朝貢国
・ポルトガル、オランダ、イギリス、バチカンなど……朝貢貿易による朝貢国ともみなされる
・日本、東南アジアの諸開港都市など……貿易関係のある互市《ごし》国（朝貢国以外の国家）

後金国の建国から200年以上、こうして清は中国の伝統的領土（内中国）の3倍以上まで領土を広げた。乾隆帝は10回に及んだ遠征を「十大武功《じゅうだいぶこう》」、自らを「十全老人《じゅうぜんろうじん》」と称した。現代でも「乾隆帝の代こそ中国の真の統一」と主張する中国人学者はいるが、史実とは言えない。というのも、この時代の領土膨張は、帝国の限界だったからだ。

6代目**乾隆帝**

大モンゴル帝国、ロシア帝国、オスマン・トルコ帝国など、世界帝国には必ず限界がやってくる。領土が最大に達した乾隆帝の時代、清の栄華はすでに峠を越え、爛熟《らんじゅく》と衰退が始まりつつあった。資源の乱伐《らんばつ》や枯渇《こかつ》、それに伴う飢饉《ききん》、民衆の反乱などが帝国を脅《おびや》かしていたからだ。1700年代末からの「白蓮教《びゃくれんきょう》の乱」、1851年の「太平天国の乱」（キリスト教系信徒による反乱）など、100年以上民乱が続いたのは、帝国弱体化の表れといえる。事実上の帝国瓦解《がかい》の引き金となったのはアヘン戦争（1840〜1842）だが、そのはるか以前から崩壊の序曲は始まっていたのである。

中華帝国の対外戦争は常に懲罰《ちょうばつ》戦争だった

19世紀後半には、アヘン戦争、アロー戦争（1856〜1860）、ベトナムをめぐる清仏《しんふつ》戦争（1884〜1885）、日清戦争（1894〜1895）といった、清国の対外戦争が連続した。これらは「帝国主義による中国侵略」と解釈されることが多いが、実際は中華帝国による懲罰戦争であった。つまり世界の主《あるじ》である清が、胡人・夷人の謀反と見なされ、イギリスやフランス、日本を懲《こ》らしめるべく起こした戦争であり、その結果それに失敗したのである。

中国には、伝統的に中華思想という考え方がある。「中華」が文字通り世界の中心、周囲の諸民族は東夷・西戎《せいじゅう》・南蛮《なんばん》・北狄《ほくてき》という未開人で、中華はこれら「四夷《しい》」を「徳化《とっか》」して朝貢秩序に加え、従わないものは「征《せい》」「討《とう》」「伐《ばつ》」する天命があるという考え方である。

アヘン戦争は、イギリスからのアヘン輸出をめぐる両国関係の悪化により起こった戦争だ。清の8代皇帝である道光帝《どうこうてい》は、英夷《えいい》（未開のイギリス人）に対する「義戦《ぎせん》」（懲罰）として、次のような聖旨《せいし》を出した。

「我が国が外夷《がいい》を撫馭《ぶぎょ》（いつくしんで統率すること）するには、ひとえに恩義を以《もっ》てする。各国が恭順《きょうじゅん》であれば、礼を厚くして待遇し、共に昇平《しょうへい》（天下泰平）の平和な世界を楽しもうとするのである」（パックス・シニカとして尊大な考え）

「（夷《い》が従わない場合は）天に逆らい、道義にもとり、その性は犬羊と同じであるから、天地の容《い》れざるところ、また神人ともに憤《いきどお》るところである。かくてただ痛撃を加えて根こそぎ殺し尽く

アヘン戦争でイギリス海軍軍艦に吹き飛ばされる清軍のジャンク船を描いた絵

すしかなく……」（虐殺の哲学にもとづく「陽明学」としての天殺・天誅思想）

しかし結果は清の惨敗であり、その後のアロー戦争や清仏戦争も同様といえる。「不敗の神聖帝国」の神話は、近代戦の前にもろくも崩れ去ったのである。

英仏《えいふつ》など西の未開人「西夷」に加え、清の懲罰の対象となったのが「東夷」つまり日本である。

日本と中華は伝統的に対等の関係を結んでいた。卑弥呼《ひみこ》の時代には東亜各地の王が争って中華に朝貢し、臣下の座を得ようとしたが、大和《やまと》朝廷は世界帝国・中華と同等にわたり合おうとした。

聖徳太子が隋《ずい》の煬帝《ようだい》に対し「日出《い》ずる処の天子、書を日没する処の天子に致す。恙無《つつがな》しや」という国書を送ったという記録がある。煬帝《ようだい》は倭《わ》（日本）の王が自分と同じ「天子《てんし》」を名乗ったことに立腹し「蕃夷《ばんい》の書に無礼あらば、また以《もっ》て聞するなかれ」と激怒した。

当時世界で唯一の大帝国だった中華帝国に対し、日本は対等であろうとした。

日本はその後も遣隋使《けんずいし》、遣唐使《けんとうし》と使節《しせつ》を送り続け、中華の文化を貪欲《どんよく》に学んだ。しかし唐の衰退にともない遣唐使が廃止され、独自の道を歩むようになった。

元による二度の日本侵略未遂（元寇《げんこう》）の後、日本が逆に中華最大の脅威とみなされた時代があった。それが「北虜南倭《ほくりょなんわ》」である。「北虜」はモンゴル人の脅威、「南倭」は日本人の海賊（倭寇《わこう》）を指し、大陸の北と南から明王朝を脅かし続けた。

清の時代に入って、日本も清もほぼ同時に鎖国状態になるが、日本は長崎の出島《でじま》で清とオランダだけを相手に交易を行っていた。もちろん朝貢ではなく対等の関係だが、それでも「天朝は万国を統御《とうぎょ》する」が基本の中華は、一方的に日本を朝貢国と見なしていた。

明治維新は清にとって、新政府による徳川幕府からの権力奪取であり、「朝令暮改《ちょうれいぼかい》で児戯《じぎ》の如《ごと》し」「風俗を改むるに甚《はなは》だ荒唐無稽《こうとうむけい》、正朔衣冠《せいさくいかん》の祖制《そせい》亡《ほろ》ぶ」「文明開化を誇るも、これ井の中の蛙《かわず》」と見なされた。世界の主としてこれを見逃すわけにはいかず「日本懲罰戦争」論が実際に出され、そのための軍事的偵察も行われていた。そんな中起きたのが、1871年の牡丹社《ぼたんしゃ》事件である。

当時、琉球《りゅうきゅう》王国（沖縄）は日本・清と両属関係を結んでおり、その帰属をめぐって論争が起こっていた。そんな中、琉球の宮古島民69人が、那覇での朝貢の帰りに台風で台湾の東南海岸に漂着し、現地の村「牡丹社」住民に襲撃《しゅうげき》されて54人が殺害されるという事件が起こる。

明治政府は「日本の臣民」が殺害された賠償を清に求めたものの、清は「台湾は化外《けがい》の地（文化・文明の及ばない地）で、台湾住民も清の人民ではない」と拒否した。その結果、台湾を討伐《とうばつ》すべしという「征台論《せいたいろん》」が出され、論争の結果、台湾出兵が決まった。

牡丹社事件後、台湾へ出兵した日本兵と「牡丹社」住民

こうして1874年、台湾蕃地事務局総裁に大隈重信《おおくましげのぶ》、総指揮官に西郷従道《さいごうつぐみち》（西郷隆盛《さいごうたかもり》の弟）が任命され、軍艦5隻、船舶13隻、兵員3600名が台湾に出征し、2カ月かけて事件発生地域を制圧した。

台湾征討を終結させるために開かれた北京会談で、清政府は台湾出兵を保民のための「義挙《ぎきょ》」として讃《たた》え、西郷軍が引き揚げる際には清海軍が礼砲《れいほう》を撃って見送った。さらに北京会談では、琉球の遭難者が「日本国属民」とされ、琉球遭難者への補償と日本の軍費のために「撫恤銀《ぶじゅつ》」として50万両《テール》（約70万円）の賠償金が出された。これを受けて日本政府は1879年に琉球藩を廃止し、沖縄県を設置。こうして琉球は消滅し、清との朝貢関係も廃止されたのである。

この「琉球処分」後、清では日本懲罰を求める声が高まり、『日本地理兵用』『琉球地理志』のような、日本征伐を目的とした軍事関係書も書かれている。

中華が日本を征伐すれば、現地の民衆はこぞって立ち上がり、皇帝の徳を受け入れるに違いない――そんな前時代の発想から、清は逃れることができなかったのである。

朝鮮半島の事大主義が日清の対決の遠因

大陸中国と島国日本の間に争いが生じるとき、朝鮮半島がその要因となることがほとんどだった。日本・百済《くだら》連合軍と唐・新羅《しらぎ》連合軍の間で起こった白村江《はくそんこう》の戦い（663）、豊臣秀吉《とよとみひでよし》が征明《せいみん》のため朝鮮に出兵した文禄《ぶんろく》・慶長《けいちょう》の役（1592～1598）がその例である。1274年、1281年と連続した元寇も、朝鮮半島を経由して日本にやってきた。

日清戦争、日露戦争も例外ではない。19世紀末から20世紀初頭にかけて、日本と清朝の対決の舞台となった朝鮮半島情勢を整理してみたい。

そもそも朝鮮は統一新羅の時代から1000年以上も中華帝国の属国であり続けた。もちろん当時の李氏朝鮮も清国の属国であり、しかも李朝の地位は清朝皇帝の廷臣の下、つまり皇帝の奴隷のそのまた奴隷というべき立場だった。

皇帝からの使節が訪れた際、国王は郊外の迎恩門《ヨンウンムン》まで赴いて出迎え、世子（太子）が慕華館《モファガン》で酒を供するというしきたりがあった。使節相手にさえ、ここまでへりくだらなくてはならなかったのだ。

また、政治・人事問題、国内で起こった事件などすべてを清に報告し、指示を仰がなくてはならなかった。朝鮮が日本に使節を派遣する際も、まず清への報告・許可以外に倭情（日本についての情報）報告も義務付けられていた。

貢品の不良や上奏文の書式違反などは、清朝皇帝による処罰の対象になった。朝鮮国王が皇帝に送った書状は、清の文部省に当たる礼部《れいぶ》が書式や用語をチェックする。「京師《けいし》（首都）」「儲君《ちょくん》」「詔」「旨」といった言葉は使用できず、1字の間違いが国家の存亡にかかわることもあった。

このように、長年にわたり中華帝国への忠誠を誓ってきた朝鮮だったが、19世紀になり、列強がアジアに到来するようになった。

迎恩門

清と英国のあいだで起きたアヘン戦争も、江戸幕府が開国を迫られ、やがて明治維新へと向かったのも、こうした東アジア情勢の変化によって起こったものだ。

もちろん、列強の勢力は朝鮮半島にも到来した。だが、朝鮮は徹底的な事大《じだい》主義（大国に仕える）で、清朝への忠誠を誓っていたため、極端な排外主義をとっていた。

当時、李氏朝鮮の実権を握っていたのは、まだ幼かった国王・高宗の父である興宣大院君《こうせんだいいんくん》だったが、１８６６年には、朝鮮で布教活動を行っていたフランス人宣教師９人と信者を処刑している。そのためフランスは朝鮮に軍艦を派遣し、戦争にまで発展したが、準備不足だったフランスは敗退する。

また、同年、朝鮮との通商を求めて平壌に迫ったアメリカの武装商船ゼネラル・シャーマン号を攻撃、焼き討ちし、乗組員を全員殺害している。

これに対して、アメリカは艦隊を組んで朝鮮に攻撃をかけたが、朝鮮軍の奇襲にあって撤退する。

興宣大院君

これらの勝利により、大院君はますます攘夷への自信を強めた。大院君が外国勢力の排除にこれほど積極的だったのは、「衛正斥邪《えいせいせきじゃ》」という思想によるものだった。これは、邪悪な西洋の文明を退けて、正しい（正統な）中華の文明を守る、という考えである。

この頃、日本では１８６７年に大政奉還と王政復古により明治政府が誕生した。だが、このことを李氏朝鮮に通知する使節を送ったが、そのときの書契《しょけい》（外交文書）に「皇祖」「皇上」「奉勅」といった用語が使われていたため、受け取りを拒否された。「皇」「勅」は清の皇帝だけが使用できる字であり、そのまま受理すれば朝鮮にまで害が及ぶ、と判断されたからだ。この事件を「書契問題」といい、後に日本で「征韓論」が高まるきっかけとなった。

朝鮮半島はそれほど清を宗主国として仰ぎ、その権威を絶対視していたのだ。

その後も、日本はなんとか朝鮮との関係を好転させようと、外交努力を重ねるが、大院君は、１８７２年、交渉のために朝鮮に渡った日本側の花房義質《はなぶさよしもと》が、蒸気船に乗り、洋服を着てやってきたため、「日本人も西洋人と同じ敵である」と非難し、交渉は暗礁に乗り上げてしまう。

その後も、朝鮮側による饗宴の席で、日本の大使に明治政府が定めた正装である大礼服を着用するなと要求するといったこともあり、交渉はなかなか進まなかった。

業を煮やした日本は、1875年、雲揚《うんよう》と第二丁卯《ていぼう》という2隻の軍艦を朝鮮に送る。名目は測量だったが、交渉の進展を促す示威行為でもあったのだ。

ただし、それでも交渉が進展しないため、名目上の任務である測量を江華《こうか》島《とう》付近で行っていると、朝鮮側から砲撃《ほうげき》され、日本側は報復に砲台を破壊するという「江華島事件」が起こった。こうして翌年には日朝修好条規が締結され、朝鮮は開国した。

日朝修好条規の第一条には「朝鮮国ハ自主ノ邦《くに》ニシテ、日本国ト平等ノ権ヲ保有セリ」とある。このように、朝鮮を独立国と承認したのは日本が初めてだった。しかし宗主国である清はこれに反発、1882年に米朝修好通商条約が結ばれた際は清の幕僚である馬建《ばけん》忠《ちゅう》が立ち会い「朝鮮は清の属邦である」という文が織り込まれた。馬建忠は朝鮮とイギリス、ドイツとの修好条約交渉の際も指導を行った。

当時の朝鮮では、日本の明治維新にならって改革を目指す独立派と、国王高宗の妃一族である閔氏《びんし》が手を組んでいた。閔氏は日本から顧問を招いて軍制改革を行うとともに、貴族階級に当たる両班《ヤンバン》の子弟を中心にした近代的な新式軍隊を作った。

しかし高宗の父・大院君はこれに反発、1882年には首都・漢城（現ソウル）で日本公使館が襲撃される事件（壬午《じんご》の変・第一次京城事変）を引き起こす。大院君派の旧式軍隊は新式軍隊と差別されており、また財政難から軍隊への給与米の遅配、支給されても砂やぬかが混ざっている有り様に、兵士の不満が爆発したのだ。

大院君に煽動された貧民も合流し、閔氏派要人や日本人の殺害に加わった。大院君は摂政として政権を握ったものの、反乱は日清両国によって鎮圧された。大院君は清の手で逮捕、天津に連行され、閔氏が再び政権の座についた。事件後、日朝間には済物浦《さいもっぽ》条約が結ばれ、日本への賠償金50万円の支払いや、日本公使館に守備兵を置くことなどが決められた。一方、閔氏は親清に転じ、清の指導権が強化された。

閔氏ら守旧派は「事大党」と呼ばれ、朝鮮に駐留する清軍を盾に改革派を妨害した。これに対し、堂戸曹判官《どうこそうはんがん》（内相）だった金玉均《きんぎょくきん》ら改革派は日本と提携し「独立党」を結成、国政改革を図った。

１８８４年、ベトナムの支配権をめぐり、清とフランスの間で清仏戦争が勃発。清の朝鮮駐留部隊３０００人が引き揚げた隙を狙い、金らは日本の援助を得てクーデター（甲申《こうしん》の変・第二次京城事変）を起こした。しかし袁世凱《えんせいがい》の率いる清軍の攻撃を受け、政権奪取はわずか３日で終結。金は日本に亡命、一時は福沢諭吉宅に潜伏した後、各地を転々としたものの、後に暗殺されてしまった。

日本の啓蒙《けいもう》思想家・教育家である福沢は独立派の理解者で、留学生を慶應義塾に入れるなど支援していた。列強による植民地化を防ぐためには日中韓が共に近代化するべきだ、と説いていた福沢は独立派の失敗に失望し、1885年『時事新報』に「脱亜論」を発表した。

そしてそこで「悪友を親しむ者は共に悪名を免《まぬ》かる可《べか》らず。我れは心に於《おい》て亜細亜東方の悪友（との交遊）を謝絶するものなり（悪友と付き合う者はやはり悪名から逃れられない。私は気持ちの上で東アジアの悪友＝清・朝鮮と絶交するものである）」と宣言したのである。

この年、日本は清との間に天津条約を結び、「日清両国が朝鮮から撤退すること」「日清両国の軍事顧問派遣を中止すること」「出兵する時は互いに通知すること」などを取り決めた。この条約は清との関係改善と共に朝鮮の独立保持を狙ったもので、調印のされない、いわば紳士協定と呼ぶべきものだった。

この時期、日清朝3国は西洋の脅威に直面していた。アヘン戦争後、列強は着実に大陸と半島に手を伸ばしており、ロシアも勢力を南下させつつあったのだ。

日本は明治維新によって近代化・富国強兵の道を進み、この問題に対処しようと必死だった。しかし清は「洋務運動」などの改革にすべて失敗、旧体制から脱することができずにいた。3国は共通の敵に直面していたのに、改革の進まない清と朝鮮は足並みをそろえられなかったのである。このままでは列強の勢力が大陸、半島に進出し、日本に及ぶのは時間の問題だった。

そんな中、「脱亜入欧《だつあにゅうおう》」「大アジア主義」など、日本の取るべき道をめぐる論争も盛んになっていた。朝鮮の内政改革、そしてその存亡をめぐって、日清の対立は徐々に深まりつつあったのである。

清の日本挑発と東学党の乱

壬午《じんご》・甲申《こうしん》という二度の京城事変で、清を敵視する日本の世論は高まりつつあった。板《いた》垣退助《がきたいすけ》や頭山満《とうやまみつる》ら自由民権運動の闘士も朝鮮問題に注目し、独立派支援のクーデターを起こす計画まで出たほどである。その油に火を注いだのが、1886年の長崎事件である。

発端は、清の北洋艦隊6隻がウラジオストク訪問の帰りに日本に立ち寄ったことである。表向きは「親善訪問」だが、真の目的は日本に対する威嚇《いかく》だった。二度の京城事変で日本に勝利したことを踏まえてのデモンストレーションである。

アヘン戦争やアロー戦争で西洋の軍事力の強さを肌で知った清は、洋務運動（自強運動とも）によって富国強兵を目指していた。東洋一とうたわれた北洋艦隊はその成果である。ドイツ製の30・5センチ連装砲2基4門、30・5センチ装甲のバーベット（銃座）を持つ

「定遠《ていえん》」「鎮遠《ちんえん》」は７０００トン、世界最大・最新鋭の巨艦で「無敵の不沈戦艦」と呼ばれていた。

「アヘン戦争後の清は弱体化した」とよく言われるが、当時アジア随一の軍事国家としての地位に揺るぎはない。日本は人口で清の一省にも及ばず、国民の知能も低く、軍隊も兵士もまったく非力とみなされていた。財政難で軍艦建造もはかどらない日本との差は歴然である。

清軍は日本政府の歓迎会で傍若無人に振る舞い、さらに修理の名目で長崎港に入港した。勝手に上陸した清の水兵が泥酔《でいすい》・狼藉《ろうぜき》をはたらき暴行事件を起こしたあげくに警察署を襲撃、警官１名を殺害し、市民と衝突して双方に多くの死傷者が出た。

事件に対して清は謝罪するどころか、高圧的な態度に出た。逆に５万２５００円の賠償金を支払い、責任者の処罰までさせられた日本側の不満が爆発、「清と一戦交えるべし」という声が高まっていく。

世論を受けて、日本も対外戦争に備えて軍備の拡張を急ぐよう

「無敵の東洋艦隊」と
呼ばれた「定遠」（右）
と「鎮遠」（左）

になった。明治天皇は宮廷費を節約して建艦費にあて、官吏も俸給の10％返納を決定した。議会は建艦計画を採択し、国民の寄付金運動も盛んになった。それでも「定遠」「鎮遠」クラスの戦艦を発注するには及ばず、4000トン級の三景艦（日本三景の名がつけられた「橋立《はしだて》」「松島」「厳島《いくつしま》」）に32センチ砲を無理やり搭載せざるを得なかった。

こうして日清両国が着々と戦争準備を進めるさなか、1894年には朝鮮の東学党の乱（甲午《こうご》農民戦争）が勃発した。

「東学」とは朝鮮農民に広がっていた一種の民間宗教で、政府によって弾圧の対象とされてきた。当時、朝鮮では農民の反乱が多発しており、それが東学党信徒とリンクしてまたたく間に全国に広がったのである。

東学党の指導者・全琫準《チヨンボンジユン》は「倭夷（日本）を駆逐せよ」「権貴（閔氏）を滅ぼせ」と呼びかけ、反乱軍はみるみる一万人規模まで拡大して政府軍を打ち破った。2月に全羅道《ぜんらどう》から始まった反乱は、3カ月で全州《ぜんしゆう》（県庁所在地）を占領した。

前年から軍隊を派遣していた清は、朝鮮政府から反乱鎮圧の依頼を受けて、3000人の陸軍を派遣した。日本も済物浦《さいもつぽ》条約を根拠に出兵したが、第二次京城事変の兵力不足を教訓に、7000人を動員している。これに驚いた閔氏は反乱軍と和約し、腐敗官吏の処罰、農民が地方官吏を監視する「執綱所」設置、奴婢《ぬひ》の解放、両班と一般人の差別廃止といった条件を受け入れた。

乱が平定された後、日本は日清による朝鮮の内政共同改革案を提出したが、清はこれを拒否。日本と対等になることは伝統的宗主国としてとうてい受け入れがたいことだったが、日本にとっても、混迷が増す朝鮮をこれ以上放置しておくことは不可能だった。

天津条約に基づいて6月に出兵した日清両軍は、乱の鎮圧後も撤兵しなかった。日本は朝鮮の独立を、清国は属国としての保護を主張して双方譲らず、ついに8月には開戦に至った。こうして10年以上続いた朝鮮問題は、戦争という形で決着を迎えることになったのである。

もし、日本が開戦に踏み切らなければどうなっていたのだろうか。清には日本を積極的に懲罰する意図はなく、その国力もない。そのまま朝鮮を清の属国にしておいても、問題はなかったかもしれない。事実、そのような世論も出ていたのだ。

しかし、それはあくまでも「もし」の話だ。列強との戦争に負け続け、土台の危なくなっている清には、朝鮮を保護し続けることはすでに困難であった。アジア最大の軍事国家とはいえ、列強の近代兵力の前には無力であることは証明されていたし、この時には清仏戦争でベトナムをフランスに奪われており、ロシアも南下の機会を狙っていた。

これら列強の手が清や朝鮮に及べば、日本も安全ではいられない。その可能性は決して低くなく、日本はこうして日清戦争という道を選択したのである。

予想は「清帝国圧勝」だった

当時、清と日本では国力、軍事力共に圧倒的な差があった。アヘン戦争をはじめとする西ヨーロッパとの戦争では確かに敗北してきたものの、「海上の粟散《ぞくさん》の国（海に粟粒《ぞくりゆう》を散らしたようなちっぽけな国）」に過ぎない日本と大清とでは、小人と巨人の戦争のようなものだ。大清帝国が、小日本に負けるはずはない——というのが当時の清帝国内部の意見だった。

他にも、清の知識人からは次のような意見が出されていた。

「明治政府は過酷な税を収奪し、人民は怨嗟《えんさ》（うらみ）の声を上げて徳川時代を懐かしんでいる」（李篠圃《りしようほ》）

「日本とは戦争するまでもない。公使を召還して日清貿易を禁止すれば、貧小な日本はたちまち困窮するはずだ」（張之洞《ちようしどう》）

軍部でも「日本と戦えば2カ月で圧勝可能だ。北洋艦隊が東京湾に入り、九州を属領にできる」という予測が出ていた。中華思想特有の自信の強さもあるのだろうが、この予測はまんざら過信でもない。国際世論でも「清国必勝」というのが予想の大勢を占めており、日本も決して楽観できる状態ではなかったからだ。

前述のように、開戦の12年前に書かれた福沢諭吉の『兵論』によると、清の兵力は108万人、対する日本は7万8000人、つまり14対1と分析されている。

近代兵器の面で見ても、清は対外戦争の度重なる失敗から軍事力に磨きをかけていた。開戦直前の海軍は82隻の軍艦を所有し、水雷艇を合わせた総トン数は8万5000トンだった。対する日本海軍は軍艦28隻、総トン数5万9000トンと、大きな差がある。このような状況を踏まえ、陸奥宗光《むつむねみつ》外相ら少数を除いて、明治天皇や伊藤博文首相など多くの首脳が戦争に消極的だったのは当然だ。

しかし戦力の差がそのまま勝敗につながるわけではないことを、清国は数々の経験から学んでおくべきだった。たとえばアヘン戦争・アロー戦争では「船堅砲利《せんけんほうり》（強力な軍艦と艦載砲）を誇る列強は海上戦が強くても陸戦には弱い。50万の軍隊が1万7000人の英仏連合軍に負ける訳がない」と考えられていた。確かに伝統的なジャンク船は近代艦隊に敵《かな》わないものの、地の利のある白兵戦なら負けないという自信があったのである。

「黒夷（黒人）1人を斬れば50両、白夷（白人）には100両、夷将を斬るか生け捕《いど》るかすれば500両、敵艦1隻を捕獲・破壊すれば5000両」という懸賞金もかけられていたほどである。対外戦争を盗賊狩り程度にしか捉えていなかったことが分かる。

しかし清の民衆は、銭さえもらえれば進んで敵にも協力するので、イギリス艦隊は薪水《しんすい》補給に不自由しなかった。長江河口にある舟山《しゅうざん》列島の定海が陸戦隊に占領された際は、清の守備隊3000人は無抵抗で全員逃亡している。

欽差《きんさ》大臣だった林則徐《りんそくじょ》は「広東省で大勝し、イギリス海軍を全滅させた」と道光帝に報告していた。しかしイギリス艦隊が白河河口に急に現れ、天津〜北京の民衆はパニックに陥った。林則徐は責任を取らされ免官された。

また珠江《しゅこう》河口の砲台攻撃戦では、イギリスの陸戦隊1500人のうち死者はゼロ、応戦した清側は死者500人、負傷者300人を出している。

そもそも清の兵士には、なんの訓練も受けずに農村から徴用された子供や老人が大勢交じっていた。装備も木の盾と棍棒《こんぼう》程度で、銅鑼《どら》が鳴ると一目散に逃げる有り様だった。内陸から沿岸に送られてきた屈強な兵士もいたものの、彼らは戦争より自国民から略奪することに精を出していたのである。（別宮暖朗《べつみやだんろう》『失敗の中国近代史』）

また尚古《しょうこ》主義の中国では、自国の伝統文化に固執する傾向があった。清末の政治家・思想家である梁啓超《りょうけいちょう》の『戊戌《ぼじゅつ》政変記』によると、朝廷の大臣には日清戦争の3年後でも五大州（五大陸）を知らない者がいる一方、西学を学ぶ者や西洋の脅威を叫ぶ者を「奸人《かんじん》」

呼ばわりしていた、という記述がある。

いざ戦争となっても、『孫子』『呉子』の兵法、陰陽五行、干支、道教など、あらゆる古典や迷信が総動員された。イギリスの大砲という「妖術」に対抗するために「馬桶《マアトン》（女性用便器）」を並べる、面をかぶって鬼神に化け敵兵を驚かす、出陣や戦闘の時刻を占いで決める、といった、中世そのままの奇策を大真面目に講じてきたのである。

一方、日本では幕末の1852年、魏源《ぎげん》の『海国図志《かいこくずし》』が伝わるや、3年の間に爆発的に広まった。この本は中国ではほとんど読まれなかったものの、日本では佐久間象山《さくましょうざん》や吉田松陰《よしだしょういん》、西郷《さいごう》隆盛《たかもり》といった志士らに刺激を与え、その後の明治維新にも影響を与えた。

鹿鳴館《ろくめいかん》をはじめとする一連の「脱亜入欧」には性急かつ軽薄な一面もあったが、古き良き伝統にこだわらず変化を受け入れ、思考を合理化できたことが、日本の近代化の根底にあったといえる。科挙を代表とする古典教養や「仁義道徳」にしがみつき、独りよ

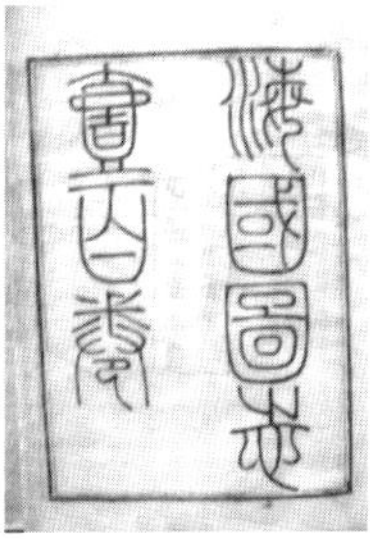

魏源の『海国図志』

がりの中華思想を捨てられなかった中国とはまさに対照的で、これが「小人対巨人の戦い」の勝敗を大きく変えたのである。

私兵化する清軍の見えざる弱み

日清戦争が、大方の予想を裏切って日本の勝利に終わったことは周知の事実である。その理由の一つとなったのが、日本軍と清軍の質の違いだ。日本兵の訓練や規律、装備、士気と比べ、清の兵士のそれはきわめて劣悪だったのである。

清の正規軍は、モンゴル人・満州人による軍事組織「八旗軍《はっきぐん》」で、19世紀初頭には13万人以上が属していた。帝国の維持と征伐戦争を担う八旗軍の他、治安維持の武装警察に当たる漢人部隊「緑営《りょくえい》」があり、18世紀末には60万人いた。19世紀末には47万人で、大規模に見えるが、当時の人口4億人には充分とは言えない。たとえば四川省には2万8000人が配置されていたものの、当時の四川省はフランスとほぼ同じ広さだったため、この人数で全地域を統治するのは困難である。

しかもアヘン戦争や太平天国の乱といった国内外の問題が続いた19世紀半ば、八旗軍や緑営の能力はひどく低下しており、農民の反乱や匪賊《ひぞく》にも敵わないほどだった。本来は遊牧民の騎兵である八旗軍なのに乗馬ができない、水兵なのに泳げないといった有り様で、皇城の守備兵までが散歩や賭博《とばく》でぶらぶらしていた、という記録もある。

19世紀末にアジアを旅したイギリス人旅行家イザベラ・バードの『朝鮮紀行』によると、彼女が見た清の兵士は次のような様子だったという。

「10人ごとに絹地の大きな旗を掲げているが、近代的な武器を装備している兵はごくわずかしかいない。ライフル銃1丁持たない屈強な体つきの連隊すらある」

「全員が傘と扇を携えており、同じ傘と扇をわたしはしばらくのうち、血なまぐさい平壌の戦場跡で見た」

これら正規軍に代わって登場したのが「団練《だんれん》」、「郷勇《きょうゆう》」という民兵や義勇軍だった。中でも1854年に曽国藩《そうこくはん》が錬成した湘軍《しょうぐん》（湘勇《しょうゆう》）、1862年に李鴻章《りこうしょう》が組織した淮軍《わいぐん》（淮勇《わいゆう》）が有名で、太平天国の乱を平定する主力となるなど活躍していたが、その実態は虐殺・掠奪《りゃくだつ》だった。

近代的な武器を装備している清の兵士はごくわずかしかいない
イザベラ・バード

そもそも清の軍隊は国軍というより、皇帝の一家や実力者の抱える私兵であり、主な敵は外国ではなく自国民である。だからこの時期の清の軍隊は、対外戦争より反乱民の殺戮《さつりく》にいそしんだのだ。湘軍や淮軍は回族やミャオ族の反乱鎮圧、また1900年の義和団の乱の鎮圧に当たったが、鎮圧とはすなわち虐殺を意味した。

曽国藩《そうこくはん》は太平天国の乱後、謀反の疑いをかけられるのを恐れて湘軍を解散した。一方、淮軍は李鴻章が死ぬと、その座を袁世凱《えんせいがい》が継承した。20世紀初頭には袁の率いる新軍（北洋軍）が最大の軍事勢力となり、1928年に蒋介石《しょうかいせき》の北伐《ほくばつ》で滅ぼされるまで勢力をふるった。

しかしどれほど勢力があろうと、こういった軍隊が「国」ではなく「個人」に属する私兵であることに変わりはない。ちなみに現在の中国人民解放軍も「人民共和国」ではなく「共産党」に属する政党軍隊であり、基本的には党の私兵と言ってよいだろう。まずありえないが、日本に「自民党軍」がいるようなものである。

袁世凱

日清戦争後、袁世凱は次のように述べている。

「わが軍の弱さは量より質にある。肉体的強さより訓練の欠如だ。最悪なのは統一的組織もなければ、厳格な規律もないことだ」

日本兵は徴兵令によって徴用された国民兵だが、清の兵士は実力者に雇われた私兵で、国家防衛意識などほとんどない。賞金が出なければ戦わないし、賄賂《わいろ》を渡さないと指揮系統も機能しない。だから頭数だけ多くても意味がない。

日清戦争の平壌《ピョンヤン》の攻防戦を例にあげると、日本1万対清1万2000が衝突し、戦死者数は日本180人、清2000人以上という結果になっている。大兵主義の清と少数精鋭主義の日本の差が出たといえるだろう。

アヘン戦争後「船堅砲利《せんけんほうり》」の重要さを知った清は、富国強兵のために「洋務運動」「中体西用《ちゅうたいせいよう》（ソフトは中華、ハードは西洋）」の道を取る。しかしその流れで設立された近代企業はほとんど倒産、南洋艦隊も清仏戦争で全滅した。日本の「脱亜入欧」「和魂洋才《わこんようさい》」と違い、中途半端にしか近代化することができなかったのである。

東洋一とうたわれた北洋艦隊が1886年に示威目的で日本にやってきて、威風堂々と各地に寄港した際、日本世論はその規模に騒然としたが、その時点から清の弱点はすでに見えていた。

呉《くれ》に寄港した軍艦「定遠《ていえん》」を見学した東郷平八郎《とうごうへいはちろう》は「清国海軍は神聖な主砲に綱を掛け渡し、洗濯物をいっぱい吊《つ》るしていた」ことに気づいた。そして「この見苦しさを見ると、大したことはない」と日本の勝利を確信した。

中国人は基本的に速いこと、大きいことを好む。世界一聡明《そうめい》な民族なのだから、夷人の数十年がかりの技術でもすぐ身につけられる、という驕《おご》りがあったのだろう。しかし東郷は航海術の修得のためだけにイギリスに7年留学した人物である。清朝軍艦が多くの西洋人を高給で雇い入れていたのに対し、日本海軍は機関士を含め全員が日本人だった。自分の国は自分で守る、という気概の差が命運を分けたといえるだろう。

開戦詔勅が語る時代感覚の違い

東学党の乱で日本軍が半島入りした際、駐韓公使だった大鳥圭介《おおとりけいすけ》は日本の兵力を盾に「清朝との宗属関係を廃棄すること」「清国軍の駆逐を日本政府に要請すること」を朝鮮政府に承諾させた。大鳥は閔氏を追い出して大院君を擁立しており、大院君は日本に清国軍の駆逐を依頼した。

これによって日本陸軍は、漢城《かんじょう》（ソウル）南方の成歓《ソンファン》・牙山《アサン》にいる清国軍への攻撃を準備し、日本連合艦隊は第一遊撃隊として3隻の高速艇を編成。清国の兵士増派を阻止するべく牙山に向かわせた。

そして1894年7月25日、豊島《ほうとう》沖の牙山湾で、日本連合艦隊の旗艦が北洋艦隊の済遠《さいえん》に遭遇。砲撃戦の結果、形勢不利と見た済遠の艦長は、白旗と日本軍艦旗を掲げ、降伏を装って逃走した。

その追跡中に現れたのが「高陞号《こうしょうごう》」である。清のチャーターしたイギリス商船で、清兵1100名と大砲14門その他の武器を満載して牙山に向かう途中だった。清国政府は日本からの攻撃を予測して、わざわざ英国船を利用していたのである。

日本側の高速艇・浪速《なにわ》の艦長は東郷平八郎だった。浪速はまず空砲を2発撃ち、手旗信号で停船を求めてから臨検を開始。その後、再度検問した人見善五郎大尉は「清軍兵士は船長を脅迫して、命令に服従できないようにし、かつ船内には不穏の状ある」と報告した。

これを受けた東郷は、撃沈前の警告として約2時間半の間「艦を見捨てよ」と信号を送った。清の兵士が武器を持って艦上を走

豊島沖海戦にて
高陞号撃沈の場面を描いた絵

り回る様子を見た東郷は、撃沈を命じた。そして高陞号が沈んだ後、泳いで浪速に向かってきた船員らを救助した。これが日清戦争の発端となった「豊島沖海戦」である。

イギリス政府は日本に抗議し、マスコミからも「アジア人による海賊行為」「艦長を処罰せよ」との声が高まった。清はこの展開を歓迎していた。イギリスが日本に圧力をかけ、日英戦争にまで発展することを期待したのである。

しかしイギリスの国際法学者ホルランドは、「タイムズ」紙に次のような論説を寄稿した。

「高陞号の沈没は、戦争が開始された後だった」

「このとき英国旗をかかげていたか否かは重要ではない」

「いかなる暴力を用いようとも、それは艦長の職権である」

「それゆえ日本政府が英国に謝罪する義務は生じない」

戦時国際法では、交戦国軍艦は公海上において、中立国船舶を含むあらゆる船籍の商船に停船や臨検を命じることができ、また交戦国保有・交戦国向けの戦時禁制品の没収や船体の抑留、撃沈、乗組員の拘束も認められている。

問題の焦点は宣戦布告前に起きた豊島沖海戦が「戦争中」に当たるかどうかだが、ホルランドの意見は「宣戦布告がなくても戦争は可能」という立場を明確にしたのである。イギリス留学歴のある東郷も、国際法を熟知していたのだ。

高陞号の船長・ゴールズワージーは、奇《く》しくも東郷平八郎の後輩だった。つまりウースター協会（航海訓練カレッジ）で東郷の2年後輩にあたるのだが、そのゴールズワージーも「撃沈は合法だった」と認めている。

こうしてイギリス世論は静まり、逆に高陞号の兵士輸送が、天津条約に反する事前戦争計画であり侵略行為であると見なされたのだ。

この事件後に日本陸軍は牙山を攻め、清軍を漢城から平壌に駆逐した。そして8月1日、日清両国によって正式な宣戦布告が行われた。

明治天皇の宣戦布告勅令は次のようなものだった。

「朝鮮ハ帝国カ其ノ始ニ啓誘シテ列国ノ伍伴《ごはん》ニ就カシメタル独立ノ一国タリ、而《しこう》シテ清国ハ毎《つね》ニ自ラ朝鮮ヲ以テ属邦ト称シ陰ニ陽ニ其ノ内政ニ干渉シ其ノ内乱アルニ於テ口ヲ属邦ノ拯難《じょうなん》ニ籍キ兵ヲ朝鮮ニ出シタリ」

（朝鮮はそもそも日本が誘って列国の地位につかせた一独立国である。しかし清国は、ことあるごとに朝鮮を属国と主張し、陰に陽に内政干渉し、内乱が起こると属国の危機を救うという口実で、朝鮮に出兵した）

一方、清の光緒帝《こうしょてい》による宣戦詔勅は次のようなものである。

「朝鮮ハ我大清ノ藩屏《はんぺい》タルコト二百余年、歳ニ職貢ヲ修メルハ中外共ニ知ル所タリ」
（朝鮮は清の属藩として200年余、年々朝貢をしていることは内外に知れ渡っている）
「迅速ニ進剿《しんそう》シ、厚ク雄師ヲ集メ、陸続進発シ、以テ韓民ヲ塗炭ヨリ拯《すく》ハシム」
（速やかに討伐し、勇者を集めて次々進撃し、韓の民衆を苦しみから救う）

すなわち「朝鮮は独立国である」という日本に対し、清は「朝鮮は我が属国である」「韓の民衆を救うために日本を『進剿《しんそう》（討伐）』する」と宣言している。アヘン戦争などと同様、清にとっての日清戦争が「懲罰戦争」であったことは、ここからも明らかである。

小が大を制した日清戦争での日本の勝因

清11代皇帝　**光緒帝**

東学党の乱の直後、日本からの海戦はないと踏んだ清は、ロシア・イギリスの調停をよそに朝鮮派兵を行った。牙山と平壌の部隊を増強してソウルを挟撃する計画である。

１８９４年６月11日、派遣軍の将である葉《よう》志超《しちょう》は牙山に上陸、29日には１０００の兵を率いた聶《じょう》士《し》成《せい》も上陸した。一方の日本軍も混成旅団《こんせいりょだん》を結成し、６月15日には仁川《インチョン》に上陸。７月10日までに、清軍は日本のソウル一個混成旅団の４倍以上の大軍が集結した。

李鴻章は平壌に集中しつつある軍は牽制《けんせい》にとどめておいて、葉志超軍で日本と即戦即結する方針だったが、日本側は朝鮮領内での清軍との戦闘を想定していなかった。

高陞号事件と同日の７月25日、朝鮮政府は牙山の清軍撃退を日本に正式に依頼、日本軍は同29日に攻撃を開始し、勝利を収めた。これが日清戦争初の主要戦となった成歓《ソンファン》・牙山の戦いである。日本側の死傷者88人に対し、清軍の死傷者は５００人を超えたという。敗れた清軍は軍服を脱いで、便衣（平服）となって平壌に向かった。

牙山戦を指揮した葉志超が総指揮に任命され、李鴻章と盛京《せいけい》将軍の率いる計１万５０００の兵が平壌で待ち構えていた。しかし山縣有朋《やまがたありとも》率いる日本軍が四方から迫るのを目にした葉は、ただちに北方へ逃走するよう軍議で勧めた。これを知った左宝貴《さほうき》は葉を監禁し、清軍は総指揮官抜きで戦闘に入った。９月15日の「平壌の戦い」である。

激戦の末、日本の被害は戦死１８０人、負傷５０６人だったが、清は戦死者だけで２００

00人を上回る数だった。敗残兵は北方に逃走、洋務派がつくった北洋陸軍はこの戦いでほぼ全滅した。そして9月17日には日本海軍と清国北洋艦隊の総力戦である「黄海海戦」が起こった。これが事実上、日清の制海権を決したのである。

戦争前は圧倒的な物量と自信を誇っていた清軍だったが、この頃すでに戦力は逆転しつつあった。北洋艦隊は老朽化が進んでいたものの、予算の関係で新艦の建造は不可能だった。光緒帝《こうしょてい》の伯母である西太后《せいたいこう》の還暦祝典、それに伴う宮殿（頤和園《いわえん》）の造営に巨額の費用がかかったことが一因と言われている。

一方の日本は、以前からあった鋼鉄戦艦「富士」「八島」に新たな主力戦艦4隻を加えた計6隻、巡洋艦6隻からなる66艦隊を構築するための大建艦予算を組み、戦力を増しつつあったのだ。

さらに戦術においても、日本は進歩を遂げていた。日本海軍連合艦隊司令長官である伊東祐亨《いとうすけゆき》は、自ら本隊を率いると共に、司令官の坪井航三《つぼいこうぞう》が率いる4隻の高速艇「吉野」「高千穂」「秋津洲《あきつしま》」「浪速《なにわ》」からなる遊撃隊を分けた。そして豊島沖、黄海、威海衛《いかいえい》の3海戦では、艦船に斬り込み隊を乗せ、接近して敵艦に飛び乗り白兵戦を行う作戦を想定していた。

北洋艦隊の司令官長である丁汝昌《ていじょしょう》は、日清戦争そのものに反対していた。北洋艦隊の

「定遠」「鎮遠」が総力を結集しても、速度や砲力で日本の新造艦に勝てないことは明らかだったからだ。

9月17日昼12時50分、清の「定遠」が日本の「吉野」に第一弾を放ち、黄海海戦の火蓋《ひぶた》が切られた。北洋艦隊は「定遠」「鎮遠」を中心に横一線の陣形（横陣）を展開する。日本側の連合艦隊が「定遠」に接近すると、遊撃艦隊が円形を描いて一周する陣形（円陣）を組み、本隊と共に十字砲火を浴びせた。

北洋艦隊12隻のうち、「揚威《ようい》」が擱座《かくざ》、「超勇《ちょうゆう》」が沈没し、陣列が一気に乱れた。この時「済遠《さいえん》」「広甲《こうこう》」が戦場から逃げ出し、旅順に戻るという前代未聞の出来事があったが、連合艦隊は小艦隊に目もくれず「定遠」「鎮遠」を攻撃した。なお「広甲」は大連湾で座礁し、「済遠」の艦長は翌日銃殺されてしまった。

「鎮遠」も巨砲で対抗したものの弾丸を打ちつくし、甲板上部構造が徹底的に破壊された。力尽きた北洋艦隊は旅順に撤退、連合艦隊の旗艦「松島」も速射砲のほとんどを破壊されて旗艦機能を喪失し、追撃することができなかった。

北洋艦隊は旅順と威海衛《いかいえい》に基地を置いていたものの、北洋艦隊が壊滅し司令官の丁汝昌も自殺したことで、ついに制海権を失った。

連合艦隊では北洋艦隊の基地である旅順要塞に進撃するべく、大山巌を司令官とした第二軍が編成され、10月24日に遼東半島の花園口に上陸した。

11月21日、総攻撃が始まり、最大の海軍基地だった旅順要塞はわずか1日で陥落。この時の日本軍は1万5000人、清軍は1万3000人弱で、数に大差はない。それなのになぜ旅順は1日ももたなかったのか。その理由はやはり質の低さにある。

清の将軍は文官出身が多く、古典教養には通じていても、近代兵学をまるで知らなかった。おまけに統制がとれておらず、士気も低かったので、たちまち敗残兵の略奪と同士討ちが起こり、市内は修羅場となった。

日清戦争後に激変したアジアの国際力学

開戦の翌年（1895）2月、日本軍の第二軍が山東半島に上陸して威海衛を占領し、清国艦隊を全滅させた。陸海とも日本が圧勝し、渤海湾《ぼっかいわん》の制海権も連合艦隊に移った。

戦意を失った清朝は講和を望んだ。日本の福沢諭吉や徳富蘇峰《とくとみそほう》らはそのまま北京を占領して「城下の盟（城壁の下まで攻め込んで結ぶ講和。敗戦側にとっては最大の屈辱）」に持ち込もうと主張したが、伊藤博文首相は世論を押し切って早期講和を実現させた。

それは、北京を陥落させれば清朝が崩壊し、列強が自国民保護を名目に介入してくることが予想されたからである。列強が清国を分割すれば、日本は講和の相手を失うと読んだ伊藤は、清の保全を望んだのだ。こうして1895年4月17日、下関の割烹《かっぽう》「春帆楼《しゅんぱんろう》」で下関条約が締結された。その内容は次のようなものである。

①清は朝鮮が「完全無欠なる独立自主の国」であることを承認する。
②遼東《りょうとう》半島および台湾・澎湖《ほうこ》諸島を日本に割譲する。
③清は賠償金2億両を支払う（後の三国干渉により、遼東半島の返還と引き換えに3000万両を追加）。
④重慶・蘇州《そしゅう》・杭州《こうしゅう》・沙市《さし》の開市・開港、開港場における日本人の企業経営権を承認する。

清では②の遼東半島割譲に対する強い反対の声も上がった。しかし全権代表を務めた李鴻章は「半島はすでに日本軍に占領されている。広島からも大兵が派遣されつつあり、占領地を固定化さ

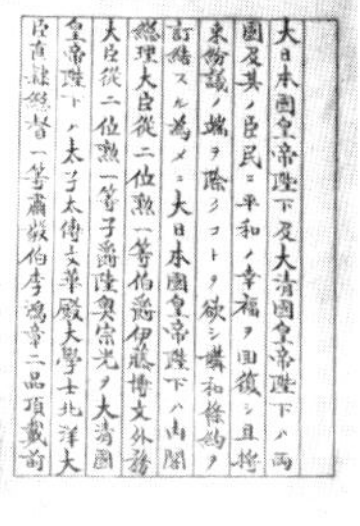
大日本國皇帝陛下及大清國皇帝陛下ハ両
國及其ノ臣民ニ平和ノ幸福ヲ回復シ且将
來紛議ノ端ヲ除クコトヲ欲シ媾和條約ヲ
訂結スル為メニ大日本國皇帝陛下ハ内閣
總理大臣從二位勲一等伯爵伊藤博文外務
大臣從二位勲一等子爵陸奥宗光ヲ大清國
皇帝陛下ハ太子太傅文華殿大學士北洋大
臣直隷總督一等肅毅伯李鴻章二品頂戴前

1895年４月17日に調印された日清講和条約

れかねない」と弁明した。

改めて、日清戦争でなぜ日本が圧勝できたかを整理してみたい。

日本は開国当時から近代国民国家育成を目指していた。明治5（1872）年には早くも国民兵制度を導入し、翌年には徴兵制をしいている。日清戦争でも、天皇から庶民までが団結し、挙国一致して戦争に総力を注いだのである。戦費のために戦時国債が売り出され、また義勇兵志願が群れを成したため、天皇が「国内で生業を守って富強の源を培《つちか》うべし」と詔勅を出して志願者をなだめたほどだった。

一方の清国にとって、戦争は朝廷における権力闘争の延長のようなものである。守旧派である西太后が権力を握っていたが、開明派の光緒帝が権力奪取を狙っており、日清戦争をめぐっても和平派の西太后と主戦派の光緒帝に分かれて争っていたのである。

それも真剣に国の将来を考えて争っていたわけではない。守旧派が和平を望んだのは、西太后の還暦祝典と頤和園《いわえん》の造営に巨額の費用がかかるためだ。開明派も、戦争によって西太后の勢力を削《そ》ぐことが狙いだったのである。

結局、実際に戦ったのは西太后派の李鴻章だけ。李鴻章は北洋大臣（通商大臣）と直隷《ちょくれい》（主に現在の河北省にあたる、帝都直属の地域）総督を兼任しており、北洋艦隊を統率する実力者だったため、戦わないわけにはいかなかったのだ。肝心の主戦派は軍を動かさず、南方軍実力者は中立を守って傍観している有り様である。

また政府は人民を信用しておらず、人民に武器を持たせる徴兵制など問題外だった。八旗軍や緑営に代わって団練が軍事力の主役となってから、軍隊の私兵的性格は強まっていった。だから日清戦争は「日本の国民軍」と「李鴻章の私兵」の戦争だった、という見方もできるだろう。「近代国家」「近代国民」を持たない清が負けたのは必然ともいえる。

日本の勝利はナショナリズム（国家主義、国民主義）の勝利、近代化政策の勝利としてアジア各地に衝撃を与えた。日清戦争の3年後にあたる1898年には清朝で、立憲君主制の導入を目指す戊戌維新《ぼじゅついしん》が起こった。守旧派の反撃で約100日という短命に終わったが、中華帝国史上画期的な試みだったといえる。

また1898年、フィリピンではエミリオ・アギナルドの対米独立運動が起こったが、その際には日本の国旗や連隊旗を模倣した革命軍旗や徽章《きしょう》が用いられている。

しかし、こうして近代国家として確固たる一歩を歩みだした日本は、思いがけない妨害にあう。ロシア、ドイツ、フランスの3国が遼東半島を清国に返還するよう圧力をかけてきたのだ。海への出口として遼東半島を狙っていたロシアが、やはり清の分割を狙う仏独を巻き込んで起こしたのが、この三国干渉だった。

露独仏を敵に回す力のない日本は、この勧告を受け入れざるを得なかった。当然国内では猛反対が巻き起こったが、明治天皇の詔勅「深く時勢の大局に見、微を慎《つつし》み漸《ぜん》を戒め、邦家の大計を誤る事なきを期せよ」や、三宅雪嶺《みやけせつれい》の「臥薪嘗胆《がしんしょうたん》（苦労に耐えて最後に成功すること）」に励まされ、自重の道を選んだ。そして10年後に日露戦争に勝利、さらなる大国への道を歩むのである。

一方、清国は戦時中からロシアの介入を期待し、下関条約の際も講和の内容を積極的に外部に漏らしていた。「聯俄拒日《れんがきょにち》（ロシアと提携して日本に対抗する）」から反日親露感情を高めつつあった清には、ロシアの真の狙いを読み取ることができなかったのである。しかしこれを機に、列強の手で清国を分割せんとする圧力が強化されていったのだ。

混乱のカオスへ落ちる中華世界

三国干渉後の中国について、詳しく見ていきたい。

日清戦争・三国干渉の翌年にあたる1896年、ロシアは日本を仮想敵とした攻守同盟「露清条約」を結ばせ、さらに干渉の見返りに東清鉄道の敷設権を獲得した。シベリア鉄道と連結し、満州を斜めに横切ってウラジオストクに至る東清鉄道は、ロシアの東アジア進出になくてはならないものだった。

一方、列強がロシアの独り勝ちを許すはずはない。まず、三国干渉の一翼であったドイツが１８９６年、山東省でドイツ人宣教師が殺された事件を口実に軍艦を派遣し、膠州《こうしゅう》湾を占領。ロシアはこれに対抗する形で、１８９８年にやはり艦隊を遼東半島に派遣、旅順と大連湾を占領した。この年ドイツは膠州湾の99カ年の租借権と山東省の鉄道敷設権と鉱山採掘権、ロシアは旅順と大連の租借権（後に遼東半島全域）をそれぞれ獲得した。

イギリスもこれに便乗し、九竜半島の界限街《かいげんがい》以北の99カ年の租借権と威海衛の租借権を獲得、翌年はフランスも広州湾99カ年の租借権を獲得した。さらにイギリスは長江沿岸、フランスは海南島《かいなんとう》と広西《こうせい》・雲南《うんなん》省の他国への不割譲をそれぞれ清国に受諾させ、勢力範囲を拡大した。

このように、三国干渉以降、清の領土は列強に次々と分割されていった。日本は台湾の対岸にある福建《ふっけん》省が日本の脅威となる列強に割譲されることを恐れ、清国に不割譲を認めさせた。

一方、アメリカは１８９８年の米西戦争でフィリピンとグアム島を獲得し、一足遅れて中国進出に乗り出した。しかしすでに中国の勢力範囲は決まっていたため、１８９９年の「門戸開放宣言」によって門戸開放と機会均等を訴えた。そして翌１９００年には清の領土保全を列強に通告したが、この「門戸開放」の対象は清であり、アメリカも清国分割に参加するという宣言に他ならなかった。

李鴻章や張之洞《ちょうしどう》といった清の実力者は洋務運動の旗手であり、開明派の代表でもあった。それがどうしてこのような列強の蚕食《さんしょく》（蚕が桑の葉を食うように、端からじわじわ侵略すること）を許してしまったのだろう。やはり、中国人には「国家」という観念がそもそも欠如していたことが最大の要因だろう。

李鴻章は日清戦争の敗北で低下した政治的地位を挽回《ばんかい》するために、ロシアとの提携を急いだといわれている。「中国は天下の中心」という中華思想から抜け切れない中国人の国家意識は『三国志』などの時代と大差なく、国家戦略とは合従連衡《がっしょうれんこう》（その時の利害に従って、同盟したり離れたりすること）でしかなかった。国際情勢や各国のパワーバランスを読み取って巧妙に立ち回るなど不可能だったのである。

日清戦争の結果、清において洋務運動では列強に対抗できないという認識が強まり、康《こう》有為《ゆうい》らを中心に、日本の明治維新を参考にして徹底的な内政改革が必要だという考えのもと、前述のように1898年に戊戌維新が行われたが、西太后ら保守派の反感を呼び、結局103日で失敗。これにより、清朝はますます衰退していき、やがて1911年の辛亥革命により清朝は滅亡することになる。

一方の日本は、日清戦争によってさらに完成された近代国家への道を歩んでいく。

その礎となったのが、清から得た2億両の賠償金である。アヘン戦争の2000万両、アロー戦争の800万両を大きく上回る額で、日本円に換算すると当時の金額で3億円、国家歳入の約3年分に当たった。日本側の軍費は清国側の計算で1億5000万円、日本側公表で2億円だから、日本は黒字だったことになる。

日本はこの賠償金を基礎に、まず銀本位制から金本位制に移行し、国際的な信用と経済競争力を向上させた。また工業発展に重点的に投資が行われ、1902年には会社と工場の数をそれぞれ開戦の年（1894）の6・2倍、2・3倍に増加させている。鉄鋼生産の過半を占め、工業の中核を担った官営八幡製鉄所も、この時の賠償金によって開設された。

鉄道や電信事業などのインフラもこれを機に充実した。工業が飛躍的に発展し、1900年には日本における第一次産業の比率は半分以下になった。綿糸では輸出高が輸入高を上回るまでになった。日本は産業革命を成し遂げたのである。

軍事力も充実し、ロシアの脅威に備えた軍備拡張予算の約6割が、賠償金によって賄われていた。そして日本は、後の日露戦争で三国干渉の屈辱を晴らすことに成功した。

しかしただでさえ財政難にあえいでいた清に、この賠償金は過酷にのしかかった。その結果、関税、塩税、鉱山、鉄道などを担保に列強から借款（政府・公的機関間による国際的な長期資金貸借）を繰り返さざるを得なくなったのだ。こうして財政や経済は外国の銀行にコントロールされ、清国は賠償金支払機関と化したのである。

政治的な改革や立憲運動も成功せず、清は亡国の道をひた走っていく。そして1911年の辛亥革命《しんがいかくめい》でついに清が崩壊、中華民国が成立したものの、安定は訪れなかった。それどころか多政府乱立、内戦続発というカオス状態が訪れ、1949年に中華人民共和国が誕生するまで、カオス状態が延々と続いたのだ。

中国の民衆は古来「城民（城市の民）」「天民」「生民（自然と共に生きる民）」であり、現在も「人民」であって「国民」ではない。国家に教育を与えられ、自国の権利や義務を理解して、文化や歴史を創造・発展させる使命をもって国家と運命を共にするのが「国民」である。この「国民」を育成できたか否かが日清の命運を分けたといえるだろう。

日清戦争のおかげで独立できた朝鮮半島

ここで、日清戦争後の朝鮮半島についても触れておこう。

前述のように、日清戦争の戦後処理として下関条約が結ばれ、「清国ハ朝鮮国ノ完全無欠ナル独立自主ノ国タルコトヲ確認ス」と定められた。これによって、李氏朝鮮は晴れて中華の冊封《さくほう》体制（属国関係）から脱した。

だが、三国干渉の結果を見た朝鮮は、変節するようになる。日清戦争中、朝鮮は宗廟《そうびょう》の前で「自主独立」を誓ったものの、戦後にロシアが三国干渉を成功させて日本に遼東半島を放棄させるや、たちまちロシアに迎合し始めたのである。

その一例が、朝鮮の国王・高宗がロシアの公使館に逃げ込むという前代未聞の「露館播遷《ろかんはせん》」（1896〜1897）である。日本が万国公法に基づいて朝鮮を独立国家と考えているのに、肝心の相手がこの有様では、朝鮮半島が安定するはずがない。

それでも、1897年、李朝は晴れて清の属国から脱し、大韓帝国《だいかんていこく》へと名を改めた。この段階で朝鮮はロシアにさまざまな権益を奪われた状態だったため、国内で反露の気運が高まっており、ロシア公使館に身を寄せていた高宗も帰還せざるを得なくなり、皇帝の座についた。

そのような流れのなか、第1次日韓協約（1904）、日露戦争後の第2次日韓協約（1905）を通して、朝鮮半島は日本の保護国となる。

このとき、朝鮮半島は外交権を失う。現在の韓国では、これを日本による悪逆無道として喧伝《けんでん》しているが、しかし、それほど朝鮮半島に対する日本の不信感が強かったということだ。

朝鮮に対する不信感は、清の太宗《たいそう》ホンタイジや袁世凱も感じていたことだった。ホンタイジは李氏朝鮮を「反覆無常（つねに裏切る）」と評しており、また袁世凱も、李朝が清と距離を取り、ロシアと手を結ぼうとした「引俄《いんが》拒清《きよしん》」（ロシアを引き入れて清を拒否する）という画策に激怒し、国王の廃位を要請したこともあった。

現在の韓国も、1965年に結ばれた日韓基本条約で、日韓合邦時代のことは「永久かつすべて解決済み」と双方の合意により、しかも国際条約として決めたにもかかわらず、ありもしない従軍慰安婦問題で、日本政府に謝罪と賠償を求め続けている。どんなに約束しても、そのうち手のひらを返すというのが、朝鮮人の習性なのだろう。

こうして日本の保護国となったことに高宗は反発し、1907年にオランダのハーグで行われた第2回万国平和会議に密使を送り、日本への牽制を図った。伝統的な「夷《い》を以《もつ》て夷を制する」作戦である。

しかし、朝鮮に外交権がないことを理由に、会議出席を拒否される（ハーグ密使事件）。こうした朝鮮の動きについて、1905~1909年の間に韓国統監を務めた伊藤博文は、高宗に対して「こんな陰険な手段で日本保護権を拒否するより、堂々と宣戦布告するほうがましだ」と述べている。告げ口、他力本願、裏切りといった韓国のお家芸が発揮されたわけだ。

事件直後に高宗は退位、さらに第3次日韓協約が結ばれて、韓国は完全に日本の保護下に置かれることになる。これを機に、日韓双方で日韓合邦論が盛んになった。朝鮮にも合邦を望む、政治結社「合同一進会」があった。一進会は100万人の会員の名で「韓日合邦」の請願書と声明書を皇帝と首相に提出している。

当時の朝鮮半島は「三政紊乱《さんせいびんらん》」という税制や兵役、農民への米穀の貸し付け制度（還政）などの腐敗がひどかったため、財政は逼迫《ひっぱく》し、朝鮮の八道（八つの行政区画）のうち税収があったのはひとつしかなかった。

駐韓外交官を務めたアメリカの朝鮮史家グレゴリー・ヘンダーソンは『朝鮮の政治社会』（サイマル出版会）で次のように記している。

「李朝は、もはや経済的破産と崩壊の寸前であった。すでに軍事力はほとんどなく、政権の分裂と内紛で行政はマヒ状態となり、慢性的百姓一揆《いっき》の気運に脅かされていた」

これは19世紀のみならず、数百年にわたる国家放漫経営のツケだった。

だが、東学党の乱をはじめとする国内の改革運動は、すべて政府の弾圧でつぶされてしまったため、腐敗しきった韓国だけで内的発展は不可能であり、列強をはじめとする万国の要望から日韓合邦による改革に期待するしかない、というのがその考え方だった。

当時の東アジア諸国にとっての最大の脅威はロシアであり、ロシアにとって足掛かりとなり得る朝鮮半島の行方《ゆくえ》は大きな問題で、それが、後述する日露戦争の原因となった。とくに、日露戦争後は「自立能力のない半島を放置すれば、また紛争の種になる」というのが、列強の一致した見解だった。朝鮮半島は日中米露の思惑が絡み合う不安定な地域であり、それは今も昔も変わりがない。

そして、1909年に伊藤博文が韓国人・安重根の手で暗殺されたことで、日韓合邦の流れが決定づけられた。

日韓合邦後の朝鮮半島は、日本によってまたたくうちに近代化され、人口も倍増した。これらについては拙著『韓国人に教えたい　日本と韓国の本当の歴史』（徳間書店）を参考にしてほしい。

要するに、日韓合邦は日本が侵略したものでも、武力により奪ったものでもないのである。万策が尽きた朝鮮問題に対して、東洋の永久平和を保つために、日韓双方とも賛否両論が渦巻くなか、列強は国家破産に瀕した朝鮮の再生を日本に押しつけた、という日韓合邦史観も少なくない。

第二章

近代日本の強さを世界に知らしめた北清事変《ほくしんじへん》

19世紀、すでに内側から腐りつつあった清朝

さて、日清戦争後の1900年に起きたのが北清事変《ほくしんじへん》である。これは「義和団事件《ぎわだん》」とも言われるが、山東省で蜂起《ほうき》した排外《はいがい》主義の秘密結社・義和団の反乱を利用した清朝と、列強8カ国の連合軍との戦闘である。

この北清事変は、現在の中国では「庚子《こうし》事変」と呼ばれており、例によって日本を含めた列強の侵略として語られている。

だが、その実態はどうだったのか。

ここでいったん、中国の歴史を振り返ってみたい。

中国の歴史が宋《そう》（華）、元《げん》（夷）、明《みん》（華）、清《しん》（夷）のように、中華と夷狄《いてき》の絶えざる交替の歴史であることは第一章で触れたとおりである。徳を失った天子が天命を失い、別の姓の天子に取って代わられるという歴史循環思想を中国で「易姓《えきせい》革命」と呼ぶが、中華と夷狄で支配民族が丸ごと入れ替わるのだから、これは易姓よりも「易族（民族）革命」と呼ぶべきかもしれない。

そしてその王朝交替に際して、必ずと言っていいほど起きるのが天災と民乱である。水

害や干魃《かんばつ》、蝗害《こうがい》（イナゴの害）によって疫病《えきびょう》や飢饉《ききん》が巻き起こり、死者が大量発生する。

もともと「3年に一小飢、9年に一大飢」「12年に一大飢」という言い回しがあるほど、「飢餓の国」といわれる中国は飢饉の起こりやすい国である。近現代に至っても改善するどころか、洪水と干魃の周期はだんだん短くなり、19世紀には4カ月に1度は起こる有り様だった。

それによって流民や流賊が出現し、また夷狄が侵入して王朝を脅かす、というパターンがたびたび繰り返されてきた。

社会矛盾の激化から起こる、農民やカルト集団の反乱は中華帝国の一種の名物的存在である。紀元前の陳勝《ちんしょう》・呉広《ごこう》の乱（秦《しん》末の農民反乱）にはじまり、新《しん》末の緑林《りょくりん》・赤眉《せきび》の乱、（新末の農民反乱）、漢末の黄巾《こうきん》の乱（後漢末のカルト教団による農民反乱）、唐末の黄巣《こうそう》の乱（唐末の農民反乱）、明末の李自成《りじせい》、張献忠《ちょうけんちゅう》の乱（明末の農民反乱）などが有名だ。羌《きょう》乱（チベット人の乱）、苗《びょう》乱（ミャオ族の乱）のような民族的反乱もあるが、多くはこういった農民やカルト的色彩の強い集団による民乱だった。

清王朝も例外ではない。清朝約250年の歴史において、後半の100余年間は衰退期だった。その期間は白蓮教《びゃくれんきょう》の乱（1796〜1805）から義和団の乱（1899〜1900）に至る100年内乱の時代である。

白蓮教とは仏教系のカルト結社で、「弥勒仏下生《みろくぶつげしょう》（弥勒菩薩《ぼさつ》が下界に現れて人々を救済する）」と唱え、千年王国の建設を目指すものである。その源流は12世紀までさかのぼり、元王朝を滅ぼす一因となった紅巾《こうきん》の乱も、同じ系列に属している。その後もたびたび反乱を起こすが、明代に邪教として弾圧されたため、清代は平静を保っていた。

しかし清の最盛期だった乾隆帝《けんりゅう》（1735～1795）の時代が過ぎると、白蓮教は再び勢いを盛り返す。

1774年の王倫《おうりん》による反乱の鎮圧、1782年に起きた震卦教《しんけきょう》教主・王中《おうちゅう》党徒の弾圧など、乾隆帝はカルトに対して厳しい姿勢を取っていた。しかし乾隆帝が退位するや、たちまち北方の教徒が兵を挙げ、10年にわたる「嘉慶《かけい》白蓮教の反乱」が勃発したのである。

この乱の鎮圧に清は銀1億2000万両、将校400人以上の命を費やすことになった。当時の財政収入は年間8000万両、経常支出は2000万両といわれることから、10年も続けば財政にどれだけ負担だったかが分かる。

しかも1813年には、白蓮教の一派・天理教の集団が宦官《かんがん》の手引きで皇帝のいる紫禁城内に攻め込み、2日間抗争（攻防）している。

その後のアヘン戦争（1840～1842）を挟んで、これを上回る大規模な反乱が清を襲った。それは太平天国の乱（1851～1864）である。

この乱の最も大きな特徴は、キリスト教系カルト集団が土台にあったことだろう。その集団「拝上帝《はいじょうてい》会（上帝会）」はプロテスタント系の教義に、上帝・天帝・天公を崇《あが》める道教的な土俗信仰が入り混じったものである。ただ多神教の道教と異なり「天父天兄」以外の信仰を禁じ、偶像崇拝も認めなかった。

教祖の洪秀全《こうしゅうぜん》は、病床で見た幻覚を「天からの啓示」と見なし、自らをキリストの弟と称した。1851年に広西《こうせい》（現在の広西チワン族自治区）で蜂起し、自ら「天王」に即位した洪秀全は、「太平天国」「千年王国」の建国に乗り出す。さらに「討胡（満州人を討つ）」「滅満興漢（満州人の王朝＝清を滅ぼして漢人の王朝を興す）」を旗印に北上していったのだ。

1853年には早くも南京を占領し、「天京」と名を改めて都を建て「天国」を樹立した。これもやはり、北京の清王朝に対する「興漢」策である。その後黄河を渡って天津付近まで迫ったものの、そこで軍勢は壊滅。その後も太平天国は約10年間存続したものの洪秀全は病死、乱も鎮圧された。

太平天国の乱の教祖、**洪秀全**

その理由として、曽国藩や李鴻章の組織した民兵や西洋人の傭兵部隊に勝てなかったこと、カルトの教えが伝統的な儒教社会や西洋社会の支持を得られなかったこと、「興漢」を叫んだものの漢人の民族意識を喚起できなかったこと、などがあげられる。

しかし影響は決して小さくなかった。長江から珠江までの両大河流域が主戦場となり、戦乱による死者数は当時の人口の5分の1、5000万人とも8000万人ともいわれている。「人類史上最大の内乱」という呼び名も、あながち誇張ではない。

天下大乱に明け暮れた近代中国

中国の民乱は白蓮教、太平天国以外にも続発した。中国にとっての19世紀は、教匪《きょうひ》の乱(カルト集団の反乱)と会匪《かいひ》の乱(秘密組織の反乱)の世紀だったと言っても過言ではないだろう。

たとえば白蓮教には八卦《はっけ》教、大乗《だいじょう》教、清水《せいすい》教、清茶門《せいちゃもん》教といった無数の分派がある。こうしたカルト結社と結託していたのが梅花《ばいか》拳、義合《ぎごう》拳、六趟《ろくとう》拳、神《しん》拳、紅《こう》拳、八卦拳、義和《ぎわ》拳、鉄布衫《てつぶさん》、金鐘罩《きんしょうとう》、虎尾鞭《こびべん》、順刀《じゅんとう》会、大刀《だいとう》会、紅槍《こうそう》会などの武術集団である。こうして武装した結社が、各地で蜂起や略奪を繰り返していたのだ。

太平天国の乱でも、各地の教党や匪団が呼応して蜂起したが、その中で最大の勢力が捻《ねん》軍《ぐん》（捻匪）である。1841年の黄河氾濫《はんらん》で生き残った貧農や兵士らが集まった白蓮教系のカルト集団だ。捻党と呼ばれた彼らは地主や高利貸などからの掠奪で膨れ上がり、捻軍となって、安徽《あんき》省、山東省、河南省、江蘇《こうそ》省を横行していた。

1854年、各地の捻軍は太平天国の北上に伴って合流、翌年には亳州《はくしゅう》県内に集結して「大漢国」を樹立し、盟主の張洛行《ちょうらくぎょう》は「大漢永王」を名乗った。さらに1860年には山東省に攻め入り、孔子の宗廟を焼いて子孫の墓をあばき、また直系の子孫を殺すなどの暴乱を行った。

その後、捻軍は東西両軍に分かれ、西捻軍はイスラム教軍と合流して十数万まで膨れ上がるものの、清の手で撃退された。一方の東捻軍も、政府軍と淮軍《わいぐん》（李鴻章の軍隊）の手で滅ぼされたのだ。

太平天国の乱に便乗した大集団はこれだけではない。陳開の率いる天地会や、アヘン生産の密売結社（烟幇《エンバン》）は、それぞれ十数万規模の大軍勢だった。烟幇は農民や製塩労働者を交え「打富済貧、除暴安民」を掲げた集団だったが、清との戦いでじょじょに弱体化していく。この「国内版アヘン戦争」の規模は、イギリス相手のアヘン戦争をも上回る規模だったのだ。

もちろん、清の敵はカルト集団だけではない。現在同様、少数民族の移動や反乱も多発していた。なかでも規模が大きかったのが、イスラム教徒たちによる反乱（回乱《かいらん》）である。

8〜9世紀、唐で仏教が衰退するにつれ、西アジアや中央アジアからイスラム教徒が入ってきた。ペルシア系やアラブ系、トルコ系の彼らは中華世界に住みつつアラビア文字を用い、コーランを信仰していた。漢字を用い「四書五経《ししょごきょう》」を重んじる漢族とは相いれない。また一神教で豚を忌避《きひ》し、西方のメッカを聖地とするイスラム教徒にとって、偶像を崇拝し豚肉を好み、中華思想を持つ中国人は不浄の民である。そのため古くから文化摩擦や文明衝突が絶えなかった。

中華世界では18世紀からイスラム教徒による反乱が起こっていた。中華、その支配下のチベットを征服した満州人は「護漢抑回（漢人を保護してイスラム教徒を抑える）」「以漢制回（漢人によってイスラム教徒を制する）」政策をとる。最初のイスラム教徒の乱（回乱）とされるのは、新興ジェフリア派の蘇《そ》四十六《しじゅうろく》、そして田王《でんおう》によるものだったが、いずれも清によって押しつぶされてしまった。

1856年には雲南の錫《すず》鉱山をめぐって、漢人とイスラム教徒との間に争いが起こる。イスラム教徒が大勢殺害されたことを機に、イスラムの指導者だった馬徳新《ばとくしん》の弟子・杜文《とぶん》秀《しゅう》と馬如龍《ばじょりゅう》が漢族に対するジハード（聖戦）を起こした。民衆によって「総統兵馬大元帥」に推された杜文秀は回教王国を樹立したものの、18年に及ぶ抗争の末、鎮圧されている。官軍、回軍ともに20万人の死者を出し、雲南の人口はこれによって半減したと言われている。

それからほどない1860年代、陝西《せんせい》・甘粛《かんしゅく》の回教徒が、太平軍と捻軍に呼応して反乱を起こした。この反乱は東トルキスタン（現在の新疆《しんきょう》ウイグル自治区）にまで波及。当時の東トルキスタンは、オスマン・トルコ帝国からアミール（首長）の称号を受けたヤクブ・ベクが支配していた。そのためヤクブ・ベクの乱とも呼ばれるが、これもやはり清によって平定された。

その後は新疆《しんきょう》省が新設されるものの、回乱は継続。そのたびに「洗回《せんかい》」という名の虐殺が繰り返され、今日に至るまで中国内におけるイスラム教徒の反乱は続いている。

ミャオ族などと漢人移民との対立もあり、中でも大きかったのが、1854年にミャオ族が漢人地主に対して起こした「咸豊同治《かんぽうどうち》の大反乱」である。これは1864年のトン族の蜂起と合流して、貴州の半分と湖南の沅州《げんしゅう》にまで勢力を伸ばしている。反乱軍が皆殺しにされ平定されたのは1872年だから、実に18年間かかったことになる。

アヘン戦争、アロー戦争、清仏戦争といった外敵ばかりでなく、清は内部にも農民やカルト、少数民族の反乱という火種を無数に抱え込んでいた。

格差問題や法輪功《ほうりんこう》（中国で邪教とされている気功学習者の集団）、チベット、ウイグル、南モンゴルなどの問題を抱え込んだ現在の中国と、基本は同じといえる。

義和団とはどんな集団か

このように、19世紀の中国は民乱の火薬庫のような状態だったが、その集大成のような存在といえるのが、1900年の義和団の乱である。

アヘン戦争後、中国国内に西洋の影響が浸透し、上海、天津、漢口などは西洋風の都市へと変貌《へんぼう》していった。アヘン戦争後の中国のキリスト教信者は30万人と推定されている（日清戦争後はカソリック信者50万人、プロテスタント信者4万人）。

宣教師たちは文明開化に情熱を傾けていたが、中国の知識人たちにとって、それは蕃風《はんぷう》（夷狄の野蛮な風習）でしかなかった。その背景には反洋夷《はんようい》（西洋人）、華夷《かい》思想といった中国人特有のプライドがあったからだ。着実に信者を獲得しつつあるキリスト教は警戒され、伝教師や信者が殺される事件がしばしば起こるようになった。

西洋人は「大毛子《ダアマオツ》」、キリスト教徒を「二毛子《アルマオツ》」、キリスト教は「天猪耶蘇叫《テンチユイエスウチヤオ》（猪と主は音が同じで、「天の豚である耶蘇が叫んでいる」という意味になる）」と呼ばれた。いずれも侮蔑《ぶべつ》的な呼び方だ。さらに天候不順や社会情勢の悪化まで、すべて洋夷とキリスト教のせいだとされた。アヘン戦争敗北によって不平等条約が締結され、社会劣化が進むと、キリスト教への敵意はますます高まっていった。

日清戦争後の下関条約が結ばれた1895年、山東省の自衛集団「大刀会」が反キリスト教の運動を開始した。儒教、仏教、道教を混合し、洋鬼子《ヤンクエィツ》（西洋人）の絶滅を目指すカルト的な運動だ。1897年にはカトリック信者と一般民衆との土地争いに介入して、教会を破壊しドイツ人神父を殺害する事件を起こした（曹州教案《そうしゅうきょうあん》）。

ドイツはこれを受けて、宣教師保護の名目で山東省に出兵し、後に膠州湾《こうしゅうわん》租借の糸口とした。ドイツの抗議によって清は大刀会を弾圧、いったん鎮静したかに見えたものの、1899年には西北方面へと勢力を拡大し、別の一派である「神拳」と融合した。

一方、1897年には教会建設をめぐる裁判で不利になった民衆が武装集団「梅花拳」に助けを求め、教会を襲撃する事件が起きた。梅花拳全体に累《るい》が及ぶのを避けるため「義和拳」と改称し、そこへ反キリスト教系のグループが統合されて「義和団」へと発展していったのだ。

義和団は白蓮教の流れをくむ宗教集団に加え、少林寺拳法の一流派とされる「義和拳」に「大刀会」「紅拳」などの武術集団、さらに地方の団練《だんれん》（民間武装組織）、匪賊、塩賊

（私塩売買集団）、遊匪などが糾合した混成組織であり、統一的な理念は持っていなかった。思想らしいものを強いてあげると次のような感じだ。

「義和拳の奥義を身につければ不死身になり、洋夷の銃弾や砲撃でも跳ね返せる」

「洋夷やキリスト教徒は祖先を忘れ神仏を敬わず、天を犯す許し難い存在である。男は人倫がなく女は貞操がない鬼畜であり、目が青いのがその証拠だ」

「真言を学び、呪文《じゅもん》を唱え、祈禱《きとう》の黄紙を燃やして線香をたけば、天神が降臨し仙人が下山して洋夷を滅ぼしてくれる」

ちなみに義和団の信じる神はというと、『西遊記』の孫悟空や猪八戒、『三国志演義』の関羽、『水滸伝』『封神演義』といった稗史《はいし》（通俗的な歴史書や民間の言い伝えなど）の登場人物である。これらの神々が刀や銃弾からも守ってくれる、と大真面目に信じていたのだ。さらに、鉄道や電線が伝統的な風水を破壊したために天災や飢饉が起こる、ということまで信じられていた。

「扶清仇教《ふしんきゅうきょう》（清を扶《たす》けてキリスト教徒を敵とする）」「扶清滅洋（清を扶けて西洋人を滅ぼす）」というスローガンを掲げる義和団だが、実際には看板に「洋」と書かれた店まで襲撃するような暴徒集団であった。

1899年、山東巡撫《じゅんぶ》（地方官）に就任した袁世凱《えんせいがい》は義和団を弾圧。山東省を追われた義和団は、近代輸送機関の発達で失業した漕運《そううん》労働者や農民と合流し、教会や鉄道を破壊して暴徒化した。

１９００年4月末、北京西城に義和団の掲帖《けいちょう》が張り出された。掲帖とは壁新聞（大字報）を意味し、白蓮教の乱から文化大革命の時代に至るまでよく使用された一種のミニコミ紙だ。その内容は次のようなものだった。

「玉皇大帝（道教の最高神）は化身してこの世に下ってきた。やがて天下大乱となるだろう。これはすべて洋鬼子が招いたものだ。洋鬼子は邪教を伝え、電柱を立て、鉄道を造り、聖人の教えを信じず天神を冒瀆《ぼうとく》し、玉皇廟を破壊した。その罪は数えきれない。そのため大いに雷を発し、天兵、天将、天神、天仙をこの世に下し、義和団を助けんとす。義和拳を習得し、妖魔《ようま》絶滅のとき、洋鬼子消滅の日に善行を行えば善き報いがあり、風雨すら穏やかになるだろう」

これを受けてか、「西洋人を掃平すれば雨が降り、災厄もなくなる」という流言飛語《りゅうげんひご》が飛び交った。朝鮮で起こった東学党の乱と比べても、宗教的にも組織的にも劣る、いわば烏合《うごう》の衆《しゅう》でしかなかったのだ。

義和団の乱を利用して万国に宣戦布告した西太后の愚

1900年5月、2万3000人の義和団が盧保線《ろほせん》の馬家堡《まかほ》から高碑店《こうひてん》に至る鉄道を破壊した。さらに北京郊外の駅や鉄橋も焼き払い、西洋人を殺し、正規軍の進軍をも阻止。涿《たく》河城《がじょう》もほとんど無抵抗で義和団に占領され、彼らは破壊の限りを尽くした。

このような騒ぎの中、義和団をどう扱うべきか、朝廷で意見が二分していた。すなわち「民乱」として鎮圧するか、もしくは「義民」として西洋列強と対抗するために利用するかだ。列強に対して開戦すべきか否かについても、保守派の西太后と開明派の光緒帝で議論が戦わされた。

西太后に仕えた女性の回顧録『西太后に侍して』によると、イギリスのヴィクトリア女王が政治に関与しないのに比べ、西太后は自分が4億の民に頼られていることを誇りにしていたという。また彼女の人生は純粋な玉のように澄んでいたが、義和団のことだけが唯一の誤りだった、とも書かれている。

最終的には、西洋人による「照会」（要求書）を西太后に提示したことが決め手となって、開戦論が大勢を占めた。その「照会」には、事件処理のために、

一、皇帝を他の地に移す。
二、各省の銭糧《せんりょう》を代収（代行徴収）する。
三、天下の兵権を代掌する。
四、西太后の隠退。

という4条件が示されている。実はこれは清側の偽文書だったが、このような条件を清国が呑《の》むはずがなく、群臣はみな開戦に傾いた。折しも天津の大沽《たいこ》では、列国の軍隊に連戦連勝したという報せも届いていた。

6月、西太后はこう宣言した。

「現在の清は惰弱に陥っているが、さらに人心を失ってよいものだろうか。等しく滅びるなら一戦して滅びよう」

「扶清滅洋」を唱える義和団は「義挙」「民心」として評価された。そして「義民」に洋夷懲罰の義戦を一任するとし、6月21日には万国に宣戦を布告したのだ。西太后は甥である帝をも上回る権勢を誇り、文化大革命時代の毛沢東にも匹敵する当時の最大権力者だった。

西太后

義和団兵士

しかし義和団は太平天国のように強力なリーダーがおらず、教会の焼き討ち、キリスト教徒の殺害、西洋文物の破壊という形で「攘夷《じょうい》運動」を行う暴徒の群れでしかなかった。各地方政府も乱を鎮圧するか、あるいは黙認、利用するべきか朝廷に配慮しなければならない状態だったのだ。

義和団の乱は山東省、天津、北京といった華北地帯に限定されていたが、その理由は地方で利害関係が異なっていたからだ。日清戦争でも東南の実力者は中立を宣言しており、実質的に李鴻章の私兵と日本の国民軍との戦いであったことはすでに触れたとおりである。一丸となって国難に対処する、という意識が日本と比べて希薄だったことは間違いない。

義和団の乱でも、上海の有力経済官僚・盛宣懐《せいせんかい》と、南通の有力者である実業家・張謇《ちょうけん》が暗躍した。この二人はどちらも李鴻章の側近だったが、共に列強と「東南互保《とうなんごほ》」同盟を結び、華北の戦乱から逃れようと画策したのである。

英米諸国と結んだのは彼らだけではない。湖広総督の張之洞《ちょうしどう》、両江総督の劉坤一《りゅうこんいつ》を中心とした洋務派官僚たちも、「東南互保」同盟を結んで外国人や教会、教民を保護している。

張之洞《ちょうしどう》、劉坤一《りゅうこんいつ》は、上海道台（道の長官）に次のように告知した。

・各国駐上海領事館と協議し、上海租界をはじめ鎮江《ちんこう》、蘇州、杭州など内地の各督撫《かくとくぶ》（総督と巡撫《じゅんぶ》）が中外商民と宣教師の生命と財産を守ること。
・流言を禁止し匪賊を逮捕すること。

両広総督の李鴻章、山東巡撫の袁世凱も、張、劉の行動に呼応した。「東南互保」同盟は広東、浙江《せっこう》、福建、さらに四川、湖南、陝西《せんせい》の各省にまで広がった。そのため「大毛子」（西洋人）「二毛子」（キリスト教徒）虐殺は北清だけにとどまったのだ。

彼らは清が「万国に宣戦布告」した後も、「反帝愛国」運動には同調しなかった。朝廷内で皇帝派と西太后派が対立していただけでなく、北方と南方でも足並みがそろわなかったからだ。

西洋と結ぼうとするこれらの動きは今でこそ「官僚買弁《ばいべん》（自国の利益を忘れて外国資本に奉仕すること）」「売国奴」「帝国主義の手先」などと批判されるが、むしろ同胞殺しの暴徒集団を鎮圧するために理性的に努力したというべきだろう。当時の制海権はことごとく列強に握られていたことから、下手に朝廷側につけば自分たちの身が危ないと知っていたのだ。

8カ国連合軍、北京に出兵

1900年、膨張した義和団は天津と北京に迫ってきていた。北京に入った人数だけでも20万人に上ったとされている。北京に入った義和団員は外国公使館区域を包囲。西洋人宣教師200人以上、その子供約50人、中国人キリスト教徒2万人がこの時犠牲になった。

この年5月、北京に在住する11カ国（英、米、独、仏、伊、日、露、スペイン、ベルギー、オーストリア、オランダ）の公使は清国政府に鎮圧を要求したが、清の政府・朝廷はまったく動かなかった。義和団を利用して外国勢力を追い払おうとする保守派や、義和団の神術を信じる者が少なくなかったからだ。

そのため各国は、独自に自衛策を講じることになる。6月には公使を保護する護衛隊439人が派遣され、さらに日英米仏独露伊墺《オーストリア》の8カ国連合軍（水兵2055人を含む）が、イギリスのシーモア将軍に率いられて上陸した。

しかし天津・北京救護に向かった連合軍は、義和団に阻止されて天津で退却する羽目になった。これに力を得た西太后は清国軍を義和団に同調させ、列強勢力を一掃しようと図ったのだ。これにより義和団は「欽定《きんてい》義和団（欽定＝君主の命令で認定されること）」と呼ばれるようになった。

義和団員は官給のモーゼル小銃を手に公使館区域を攻撃し、日本やドイツの公使や書記生が官軍兵に殺される、という未曽有《みぞう》の事態に陥った。清国政府はさらに6月21日、開戦の上諭《じょうゆ》（君主が臣下に諭《さと》し告げる文書）を発布し、1万8000人の清国軍が水雷を敷設。これはすなわち、北京にいる公使や外国人、キリスト教徒の孤立を意味していた。

この圧倒的な暴力に対し、列国の兵力は次のような貧弱なものだった。

	将校	下士官以下
日本	1	24
イギリス	3	79
フランス	3	75
ロシア	2	49
ドイツ	1	50
オーストリア	3	30
イタリア	2	39
アメリカ	3	33

居留民のうち150人が義勇隊を結成（日本人は31人）したが、武器は猟銃や刀程度。他に英米伊墺は機関砲を1門ずつ持っていたものの、7000人とも1万5000人ともいわれる清国包囲軍に対抗できる兵力ではなかった。

清の宣戦布告に先立つ6月18日、連合軍850人が露英独日の順に進撃。日本が最後尾だったのは兵力が少ないのみならず、アジアの二流国家として軽んじられていたからである。しかし日本軍は一気に最前列に駆け込み、敵の4砲台を占領する活躍を見せた。

一方、清国軍は義和団と合流し、2万5000人が天津の外国人居留地を攻撃。これに対し、連合軍各国の水兵とロシアの陸兵の計3000人に加え、英独露の陸兵2200人の増援軍が応戦した。さらに6月下旬、日本の臨時派遣隊3500人も天津に到着した。

7月13日、連合軍は天津に総攻撃を開始。日本軍を主力と

8カ国連合軍の兵士。左から、イギリス、アメリカ、ロシア、イギリス領インド、ドイツ、フランス、オーストリア＝ハンガリー、イタリア、日本

紫禁城内に入城した連合軍

する分隊は正面から突進し、14日未明には決死隊が南門を爆破して城内になだれ込んだ。この活躍を目の当たりにして、増援部隊を派遣していた各国政府の期待も、やはり日本軍に集まった。ちなみにこの時、日英米仏は7人に1人の割合で死傷者が出たが、先頭に消極的だった独露の損害は軽微だった。

7月中旬、日本の第五師団が天津に続々と到着、日本軍は先遣隊と合わせて1万3000人規模となる。他7カ国の兵力も加わり、総勢3万3500人の連合軍が編成された。

8月14日、連合軍は北京に総攻撃を開始。連合軍の司令官にはロシア軍中将が就任したものの、実際に主導権を握っていたのはやはり日本軍だった。イギリス軍は守備のない広渠門から入城し、日本軍はもっとも堅固だった朝陽、東道の両門の攻撃を担当、これらを破ってから城内に進軍した。一番乗りこそしなかったものの、日本軍は功績を他国軍に譲って名よりも実を取ったのである。

翌14日、連合軍は北京城を占領、包囲されていた人々は55日ぶりに解放された。

北京市民から熱烈に歓迎された日本軍

連合軍の中で、北清事変（義和団の乱）鎮圧の要石《かなめいし》となったのが日本軍だった。

そもそも義和団の主張は「扶清仇教」「扶清滅洋」、つまりキリスト教徒を攻撃対象としており、仏教国家である日本は敵ではなかった。それでも連合軍に日本が加わり、しかも日本の奮戦で勝敗が決したため、現在でもこれを批判する中国人学者は少なくない。

「日本は公使館書記を1名殺されただけなのに、連合軍兵力の半数は日本人だった。中国大陸の分割に付け入るすきを狙っていた日本が、西洋帝国主義の尻馬に乗ったのだ」

実際、同じ東洋人国家である日本は、事変への介入に最初は消極的だった。脱亜入欧の風潮の一方、アジアの連帯を訴える大アジア主義が存在しており、「黄色人種同士で手を携えて白人に対抗しよう」という清国朝廷からの呼びかけもあったからだ。北京の朝廷は各地の実力者にも見捨てられた状態だったため、幽閉中の光緒帝の名を借りて、明治天皇に書簡が送られてきていたのだ。

また日清戦争後の三国干渉もあり、出兵の決断には時間を要した。清が弱体化する中で強大化する日本を列強は恐れており、独露は日本の出兵に反対していたからだ。日本の出兵でロシアの影響力を抑え込みたいイギリスは、日本への財政的援助を持ちかけて出兵を要請。一方、日本に依存することは黄色人種の台頭につながる、という危惧《きぐ》の声もあった。

しかし東アジアの安定を求める日本にとって、義和団の乱はやはり脅威だった。国際情勢上も参戦せざるを得ない状況であり、その選択はやはり正しかったと言わざるを得ない。

日本軍を主力とした連合軍の手で北京が攻め落とされると、清の官僚たちは白旗を掲げ礼服を着て大通りにひれ伏し、北京市民も「万民傘」「徳政匾《へん》（功徳《くどく》をたたえる扁額《へんがく》）」を連合軍に贈って歓迎の意を示した。日本軍の管区はことに治安が良く、市民は紙や布に「大日本順民」と書いて迎えた。

一方の西太后は、連合軍が押し寄せてくるや反対派（帝派）を処刑し、自分は西安に逃亡した。そして李鴻章らに和議を指令して、清国軍に義和団を弾圧させたのである。

こうして「義民」だった義和団は反逆者となり、連合軍と清軍に攻撃されることになった。その残党は景廷賓《けいていひん》を中心に、今度は反清運動に転じた。すなわち、それまでの「扶清」「興清」「保清」から一転「掃清滅洋」を掲げたが、もはや勝ち目はなく、結局景は処刑された。

それにしても義和団はなぜ「扶清（清を守る）」から「掃清（清を滅ぼす）」へと、180度転換したのだろうか。義和団のスローガン「滅洋」を原初的ナショナリズム（愛国主義）と分析する学者もいるが、義和団は愛国運動などではなく、そもそも「国家」という意識すら持っていなかった。義和団は「弥勒下生《みろくげしょう》」や超能力を本気で信じる無知なカルト集団にすぎず、帝国主義、社会主義、革命といった理念などまったくなかったのだ。

事実、義和団に殺されたのは、伝道師のようないわゆる「洋夷」より、「二毛子（キリスト教徒）」や「三毛子（近代産業に携わる南方人）」のような中国人の方が多かったのだ。北京の市民にとっても、義和団は革命の志士どころか血に飢えた暴徒でしかなく、だからこそ連合軍の登場をこぞって歓迎したのである。

そもそも当時の中国人は、自国を天下の中心とする「天下意識」こそ強かったものの、「国家意識」は希薄だ。日露戦争後の1905年、国家・国民意識に刺激された清国の留学生たちは東京で中国革命同盟会を結成したものの、そのスローガンは「韃虜《だつりょ》（満州人を駆除して中華を回復する）」というものだった。「中華の天下のために夷を排除する」という発想は昔ながらの天下意識そのものであり、近代的なナショナリズムとは呼べない。

李氏朝鮮末期にも「衛正斥邪《えいせいせきじゃ》」と呼ばれる思想が流行した。もともとは正学（朱子学）を守り、邪学（仏教やキリスト教など）を排斥するという思想だったが、やがて身分秩序や華夷秩序を固守する動きに変わっていった。いずれも前近代的な反西洋主義どまりであり、近代的な愛国主義やナショナリズムとはほど遠いものだ。

私の学生時代、義和団の乱は「拳匪《けんぴ》」の乱とされてきた。しかし中華人民共和国が樹立され、マルクス・レーニン主義や毛沢東思想、それに伴う革命思想が盛んになってくると、義和団の乱は「反帝愛国」「50年後の中華人民革命勝利への礎石の一つ」として評価されるようになった。

しかしその実態はこれまで見てきたとおりである。義和団のような迷信的カルトは宗教集団とは言えず、義和団の乱ももちろん宗教戦争ではない。しかし洗回（イスラム教徒皆殺し）と同様の宗教対世俗（反教）の争いであり、本格的な宗教を持たない中国ならではの争乱といえる。

北京の守り神となった柴五郎《しばごろう》

北京公使館区域の籠城《ろうじょう》戦で活躍した日本軍を指揮したのが、公使館付武官《かんづけぶかん》だった柴五郎中佐（のちに大将）である。会津藩士の子として生まれ、母親や兄弟姉妹を幕末の会津落城で失っている。

日本軍が担当した防衛陣地は、清の皇族・粛親王《しゅくしんのう》の邸宅（粛親王府）で、最大の激戦区となった。日本軍の損害も大きく、1005人の死傷者（戦死244人、戦傷者86人、戦病者675人）は連合軍でも最多である。

粛親王は開明的な人物で、弾雨をくぐって訪ねてきた柴に、快く邸宅の使用許可を与えた。柴は自ら抜刀して敵陣に切り込む勇猛さと優れた指揮官ぶりを発揮し、諸外国からも賞賛されている。また粛親王府にはキリスト教徒や市民など数千人の避難民が収容されていたが、柴はその食糧の分配、病傷者の看病にも細かな配慮を見せ、「コロネル・シバ」の名は世界的に広まった。

特に、籠城戦に参加したイギリスの「ロンドン・タイムズ」紙の特派員は日本人の活躍を大々的に報じ、イギリスの対日感情は好転した。このことが1902年の日英同盟の締結にも一役買ったと言われている。

中国哲学者で、当時は留学生として籠城戦に参加していた服部宇之吉《はっとりうのきち》はこう回想している。

「北清事変は主に欧米諸国やその宗教が原因で発生したもので、日本人は側杖《そばづえ》を食った

（自分とは関係のない災難に巻き込まれた）ということだ。しかし籠城中、中国人のキリスト教徒の大多数は我が国の保護を受け、また私たちのために協力したというのは奇縁というべきだろう」

また柴の回顧録『北京籠城』には、天津市民の次のような言葉が残されている。

「天津の外国軍を見ると、ほとんど我が国を滅ぼそうとしているにもかかわらず、日本軍だけは正々堂々たる王者の軍で、乱を平定し、民を救おうとしている。我が国が存続するためには日本に頼らなければいけない」

その後、柴は北京で警察教育も行い、警務訓練所を作って中国の近代警察の基礎を築いた。治安のよい日本軍占領区は北京市民の駆け込み寺的な存在で、柴は市民の守護神ともいえる存在だった。帰国命令が出されたといううわさが流れると、老若男女は別れを惜しんで涙を流したと言われる。

柴は大佐として日露戦争にも出陣し、最終的には大将の地位についた。これは会津藩士の出身者としては極めて異例なことであ

北京籠城の指揮を執った
柴五郎（陸軍中佐当時）

る。

　第二次世界大戦の敗戦時には切腹を試みるが、高齢だったため未遂に終わり、年末に死亡。87歳だった。

　柴と共に北清事変で名をはせた日本人が、満蒙《まんもう》独立運動でも知られる川島浪速《かわしまなにわ》である。

　中国語に堪能で、日清戦争では陸軍通訳官として活躍した。北清事変でも福島安正少将から直属の通訳官に抜擢《ばってき》された。

　清の宮城だった紫禁城には当時２０００人の宮女、１０００人の宦官、皇城《こうじょう》守備の清国兵がいた。北京攻略に際して、日本軍は紫禁城攻撃に反対したものの、北京を焼き払うよう皇帝に命令されていたドイツ軍は、紫禁城に隣接する景山に山砲を据えて砲撃態勢に入った。そこでドイツ軍のウォルシュ中佐と交渉して時間の猶予を獲得したのが川島である。

　川島は「明朝6時までに清国兵を全員降伏させる。できなければ砲撃していい」と説得、単身紫禁城に乗り込んだ。そして紫禁城が人類共通の宝であること、戦火で破壊してはならないことを

川島浪速

説得して開城に持ち込んだのである。

日本軍は城の守護も担当して他国軍の進入を禁止し、これによって紫禁城と「故宮の至宝」とうたわれる貴重な文物は略奪や散逸《さんいつ》を免れたのだ。

福島少将は川島に日本軍と清国兵２００人を与え、紫禁城を中心とする北京市内の警備を任せた。

清には八旗軍や緑営のような軍隊はあったものの、近代警察に当たる治安・公安組織はなかった。そのため川島は清国人自身による警察制度の確立を提案し、１９０１年には北京警務学堂（当初は警察教育所）という警察学校を設立。そして総監督に就任し、清国の歩軍（陸軍）統領に約３００人を選抜させて講習を受けさせた。

しかし2カ月後、日本軍が占領地区の施政権を返還し、警務学堂は清国の官吏に移管されてしまう。これを惜しんだ清の慶親王と李鴻章は川島の留任を司令官に申し出、警務学堂はその後も発展した。５年間の卒業生は３０００人、入学希望者も１９０６年に６０００人を超えた。『浮雲』などの近代小説で有名な作家・二葉亭四迷《ふたばていしめい》も、級友である川島を頼って一時学堂の事務長を務めていた。

川島は清国の粛親王とも交流があり、親王の王女を養女として日本で育てた。後に「男装の女スパイ」として有名になる川島芳子《よしこ》である。

列強を驚かせた日本軍の武士道精神

日本を主力とした一軍が1900年7月に天津を攻略した際、各国軍は日章旗を仰いで「君が代」を唱和したという。その後の北京総攻撃に際して、イギリスのソールズベリー首相は「日本は公使館救出の成功を期待できる唯一の国。英国は現地兵力と財政的補助の提供を惜しまない」と、日本政府に増派を要請した。

こうして集結した第五師団の出陣式にあたり、山口素臣《やまぐちもとおみ》中将は次のように訓示したと伝えられている。

「世界のどの軍隊よりも日本軍が武勇、軍紀、ほかあらゆる点において優れていることを示せ。列強環視の中で武士道精神を発揮し、堂々たる態度を示すことが国に報いる道であり、三国干渉の無念を晴らす道である」

そして日本軍はこれに忠実に行動した。小倉の第十二師団の軍医部長だった森鷗外《もりおうがい》は母親あての手紙で、戦地から帰った軍医の

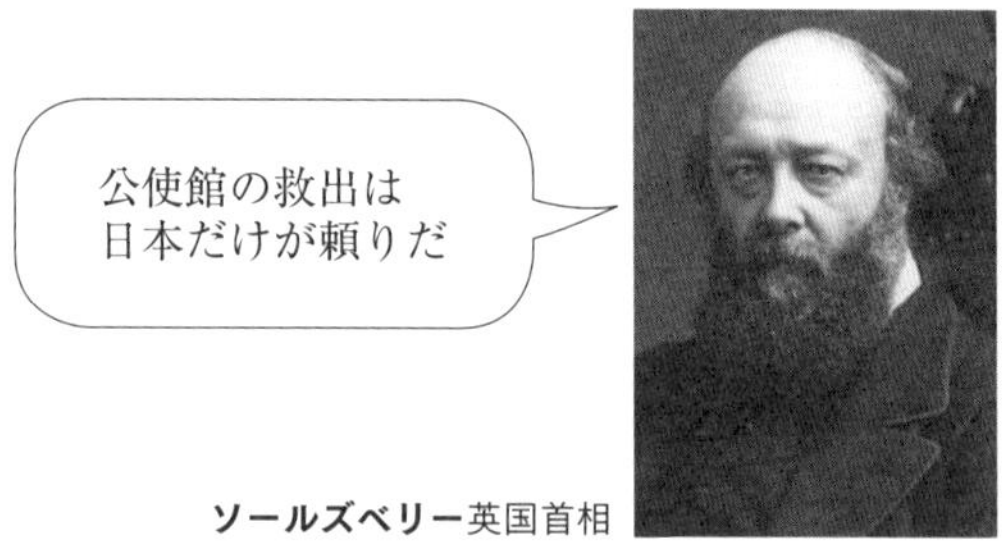

ソールズベリー英国首相

話として「外国兵の傷はほとんど背部にあり、逃げながら撃たれたものだったが、日本兵の傷はみな前から撃たれたものだった」というエピソードを紹介している。

また、柴や川島の功績に代表されるように、日本軍は治安回復や住民保護にも努めた。軍隊が治安維持を行うのは当たり前、という考え方もあるが、日本軍のように規律と秩序を守る軍隊は、当時の清にとって異色の存在だった。

たとえば満州になだれ込んだロシア軍は略奪や虐殺を繰り返し、市民生活を脅かした。司令官のリネウィッチ中将まで加わって略奪が行われ、婦女暴行による自殺が後を絶たなかった。

皇帝から「北京を焼き払え」と命令されていたドイツ軍も同様で、清国の海関総税務司だったハートは「ドイツ軍の占領地区は地獄だった」と述べている。

しかしそれ以上に恐ろしかったのが、清国の敗残兵である。兵士による自国民への略奪や暴行は、もはや中国における戦争文化ともいうべきものだった。これを徹底的に取り締まったのが日本

山口素臣

軍だ。

日本軍は軍紀が厳しく、末端の兵士でも略奪などは行わなかった。2カ月の籠城で各国の信用を勝ち取った柴五郎は、北京落城後の軍事衙門《がもん》長官（駐留軍司令官）として治安維持を担当し、掠奪や暴行を働いた連合軍兵士を捕まえ、それぞれの軍司令部に突き出した。ジョージ・リンチは『文明の戦争』で「米英地区は露仏地区より良かったが、日本地区には遠く及ばなかった」と述べている。また参謀本部による『明治三十三年清国事変史』にも、次のような記述がある。

「他国の軍の占領地区は荒涼《こうりょう》、寂寞《せきばく》たるにかかわらず、ひとりわが占領地区は人心を安《あん》堵《ど》させ、ところどころに市場を開設し、売買日に盛んに至れり」

そのため他の地区の住人が次々日本占領区に逃げ込み、北京市長までがイギリス公使に「ロシア軍管区と日本軍管区を交換してほしい」と願い出たほどだった。

10月中旬、任務を達成した日本軍は第五師団の兵力の半数を帰国させ、翌年6月には残りの部隊も撤退。速やかに撤退することで、列国の清国侵略を封じようとしたのである。

第五師団を率いる山口が北京・天津を去る際、各国軍は盛大に見送った。勇敢で規律正しい第五師団は軍人の模範として賞賛されたのである。これはすなわち、新興の二流国とされていた日本が「文明国」として認められたことを意味している。

日本人もまた、西洋人と肩を並べて戦った経験によって、西洋＝文明先進国という先入観から逃れることができた。これは後の日露戦争でも言えることである。

森鷗外は「北清事変の一面の観察」という講演で、「一時代の数種の民族が一斉に軍を起こして、一個の目的を当て邁進《まいしん》した」「この事変と同じようなことは、世界史においては十字軍のみだ」と発言している。

清も感謝した日本の勧告

1901年、連合国と清国は北清事変の戦後処理に関する条約「北京議定書」に調印した。清国には「事件責任者の処罰」「賠償金4億5000万両（約6億3000万円）の支払い」「排外暴動鎮圧の義務化」「大沽《たいこ》をはじめとする海岸から北京までの自由交通の妨げになる砲台の撤去」「公使館区域及び北京から山海関の鉄道要所における列国の駐兵《ちゅうへい》権《けん》」が求められた。

ちなみに最後の「駐兵権」とは外国人居留民の生命と安全を守るためのものであり、現在のPKO（国際連合平和維持活動）に近い。後に支那事変（日中戦争）の発端となった盧溝橋《ろこうきょう》事件は日本の駐屯軍の演習中に発生したものだが、この駐屯や演習も、もともと北京議定書に基づいたものだ。

また賠償金は「居留民の直接被害額に限定する」という原則があったものの、清国存続のためには金に糸目をつけない西太后の姿勢により、金額の算出は各国代表に委ねられた。

この時の各国の要求額を、金額順に見てみましょう（日本円換算）。

ロシア　1億8000万円
ドイツ　1億3000万円
フランス　1億円
イギリス　7000万円
日本　5000万円
アメリカ　4500万円
ベルギー　1200万円
その他（オーストリア、オランダ、スペイン、スイス、ポルトガルなど）計1000万円弱

日本は5番目だが、他国をはるかに上回る兵力と犠牲を投じたにもかかわらず、きわめて良心的な金額といえる。要求金額が最も大きいロシア、ドイツ、フランスは占領担当地区の治安が最も悪い国でもあった。

また、ロシアは8カ国連合軍に参加する一方、「建設中の中東鉄道（東清鉄道）を義和団から守る」という口実で満州に出兵。清国の国防軍や義和団はまるで歯が立たず、全満州はたちまちロシアに占領されてしまった。満州の権益を狙うロシアは清国に単独講和を要求したものの、日本政府はこれを拒否するよう清国に勧告、ロシアにも抗議した。

これによって清国内で講和反対の声が高まり、清国も日本の勧告を受け入れ、後に日本政府に感謝の意を伝えてきた。

さらに日本の全国組織で対露警戒派の民間政治団体「国民同盟会」は、清国政府に「和議を急がねば、ロシアが満州を奪取し、列国もそれにならうだろう」と意見具申し、清国はこれを受けて北京議定書の調印に踏み切ったのである。

しかし結局、ロシアの満州占領は既成事実となってしまう。これを撤退させたのが、後の日露戦争である。こうした一連の動きは日英同盟締結の背景となったのみならず、中国のナショナリズムを刺激して「拒俄《きよが》（ロシア排斥）運動」や辛亥革命の遠因とも

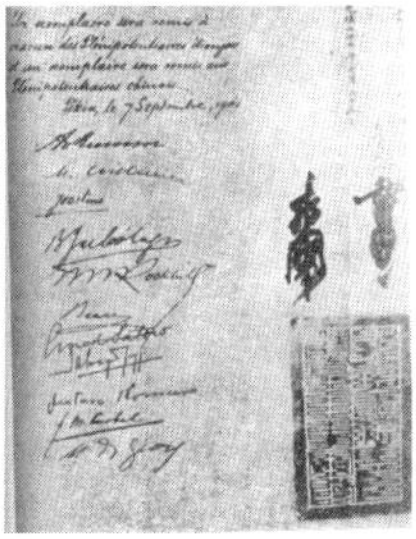

北京議定書

なったのだ。
アヘン戦争、アロー戦争、清仏戦争、日清戦争はいずれも「列強対清国」の戦いである。しかし北清事変は「列強対義和団（義民）」の戦いという異色のものだった。義和団の「民力」は「以民制夷（民をもって夷を制する）」のために清国政府に政治利用されたが、列強もこの「民力」を再評価する必要に迫られた。こうして清国の対外戦争は北清事変をもって終わりを迎え、列強の中国出兵もなくなったのである。

北清事変を機に日本軍が中国進出を加速したため、結果的に列強の中国分割は阻止され、18世紀末の白蓮教の乱からずっと続いてきた中国の内戦・内乱も終息したのだ。

マルコ・ポーロの『東方見聞録』時代は「東洋は西洋に勝る文化大国」という風潮があるが、近代に入るとそれが逆転、西洋の優位は不動のものとなりつつあった。そんなさなか、中華思想と西洋文明という文化・文明が衝突したのが北清事変だったのである。

中華帝国の対外戦争は、基本的に夷狄《いてき》に対する懲罰であり、聖戦である。アヘン戦争から日清戦争までの約60年間、清国は対外戦争に負け続けたが、それでも「文化大国」というプライドを捨てることはなかった。

義和団による教会の焼き討ちやキリスト教徒殺害も、徳化や王化の遅れた夷狄に対する懲罰だったのだ。義和団は「洋鬼子《ヤングエイツ》を殺し尽くせば清朝は統一され国土は平安になる」

というスローガンを掲げて外国人排斥を行っていた。イスラム教徒皆殺しの「洗回」と同じく、異教こそ諸悪の根源であるという「仇教《きゅうきょう》」の論理がはびこっていたのである。

しかし事変後の北京議定書によって、中華の太平を保つためには外夷の駐兵が必要になる。これにより清国は立憲運動に方向転換し、改革開放運動という「黄金の10年」を迎えることになったのだ。

北清事変により飛躍した日本への評価

北清事変によって日本が得た大きな成果に、日英同盟の締結がある。その締結に至る過程をみてみよう。

19世紀の国際秩序は、当時「日の沈まない帝国」「世界の工場」だったイギリスの経済力を中心に回っていた。しかし19世紀末、産業・軍事面でドイツが台頭し、アフリカやオセアニアでは英独の植民地争奪戦が激化し始める。ドイツはアジアにも進出し、1897年には中国の膠州湾《こうしゅうわん》を租借し、またドイツ資本がロシアの満州南下を支えるようになった。

もともとイギリスはロシア南下を防ぐためにドイツに歩み寄ろうとしていたのだが、この局面に至ってイギリスはアメリカやフランスと共にドイツ包囲網を強化する策に出た。英米の提携を強めるためにアメリカの太平洋における戦略の自由を承認したイギリスは、さらに極東のパートナーとして日本を選ぶ。

日本とイギリスは、中国におけるロシアやドイツを警戒する点で利害が一致していた。さらに北清事変における日本軍の活躍と軍紀はイギリス国民の好感を得、信頼できる同盟相手と見なされるようになった。折しも第二次ボーア戦争（1899～1902）に多大な軍事費と兵力を投下していたイギリスにとって、極東戦略には日本の協力が必要だった。

一方、北清事変後も満州から撤兵しないロシアを警戒する日本では、ロシアとの妥協を主張する日露協商派（伊藤博文・井上馨《かおる》ら）と、ロシアとの開戦を不可避とする日英同盟派（桂太郎《かつらたろう》・小村寿太郎《こむらじゅたろう》ら）が対立していた。しかし日露協商の交渉は失敗に終わり、1902年には日英同盟の締結に至った。

19世紀後半のイギリスは「名誉ある孤立」と呼ばれる非同盟政策を貫いていた。世界帝国イギリスがその政策を捨て、アジアの一小国と攻守同盟を結んだことは、世界を驚かせた。

こうして日英は清国と韓国の独立を承認し、イギリスが清国で、日本が清韓で有する政治・経済上の権利が脅かされた時は、それぞれが必要な措置を取ることとなった。さらに日英一方が第三国と戦う時、もう一方は厳正中立を守り、他国の参戦を防ぐことが定められた。

日英同盟条約締結の2年後に日露戦争（1904～1905）が始まった時、この条項は大きな力を発揮した。イギリスは中立を装いながら、ロシアの同盟国だったフランスの参戦を防ぎ、なおかつロシアのバルチック艦隊航行にも妨害を加えた。

1914年の第一次世界大戦において「日本は日英同盟を口実に対ドイツ戦に参戦し、アジアで勢力を伸ばした」といわれているが、日本は戦争参加に積極的ではなかった。

宣戦した当日、イギリスは日本に対し、イギリスの租借地である香港や威海衛《いかいえい》がドイツに攻撃された場合の援助を求めてきた。しかし日英同盟があったにもかかわらず、日本は厳正中立を表明した。

その後、中国海域のドイツ艦隊への攻撃を要請された日本は、ドイツに対し「日本・中国海域におけるドイツ艦隊の武装解除または即刻撤退」「膠州湾の租借地を、中国に返還する目的で日本に交付すること」を勧告したが、ドイツはこれを無視。そこで日本も宣戦を布告し、膠州湾や青島《チンタオ》を攻略、さらにドイツ領の南洋諸島を占領した。

以降も連合軍は日本に欧州派兵を再三要請し、イギリスは出兵費用の負担まで申し出てきたが、日本は「陸海軍とも国防向きで、外征に適しない」という理由で拒否している。

それでも要請に抗しきれず、日本は１９１７年に、ドイツが無制限潜水艦作戦（敵国に関係する船舶を無警告で攻撃する作戦）を行っていた地中海に特殊艦隊を派遣、その奮戦から「地中海の守り神」とたたえられている。

しかし中国進出に拍車をかける日本の動きは、中国にまで手が回らないイギリスに不快感を与えた。また日本国内に親独勢力が多かったこと、イギリスの植民地だったインドの独立運動への支援が活発だったことも危機感をあおった。こうしてイギリスでは日本を仮想敵国とする見方が強まり、アメリカ重視へと動いていく。

１９１８年に第一次世界大戦は終結。ロシアの崩壊とドイツの敗戦で日英にとっての脅威は消滅し、さらに１９２０年１月に国際連盟が発足したことで、日英同盟の意義は低下した。こうして１９２１年、日本、アメリカ、フランス、イギリスの４カ国条約により約20年間続いた日英同盟の解消が決定されたのである（同盟の失効は１９２３年）。

日英同盟について、日露戦争当時は外務省の電信課長で、優れた外交官でもあった石井菊次郎は「もっとも理想に近い好《よ》き同盟の一つ」と述べている。開国して40年も経っていない日本にとって世界帝国イギリスと対等同盟を結べたことは、今日の日米同盟に劣らない重大な意味を持っていたといえるだろう。それもやはり、北清事変で日本軍が見せた勇気と秩序が、世界の信頼を得るに値するものだったからである。

第三章
世界史を変えた日露戦争の勝利

ロシア帝国の東進と南下という脅威

日露戦争（1904〜1905）は、当時は白人のロシア人を有色人種の日本人が打ち破った戦争として、世界の歴史を変えた戦争であった。そして、孫文《そんぶん》をはじめとして、当時の東洋人はこれに快哉《かいさい》を叫んだのである。もちろん現在でも、日露戦争は世界の大転換となった戦争として評されている。

だが、これに対しても中国や韓国は相変わらず「日帝の侵略」として語っている。「白人の大国・ロシアに勝った日本はアジア一の国という優越意識を抱き、さらにアジアへの侵略を加速した」というわけだ。

前述したように、朝鮮はこの日露戦争で日本が勝利したことで、日本の保護国になり、やがて日韓併合されることになったと恨みがましく批判している。

そして、初代韓国統監《かんこくとうかん》となった伊藤博文は、1909年に朝鮮人の安重根《アンジュングン》によってハルピンで暗殺される。韓国人はこのテロリストを「義士」として称揚するが、もともと日韓併合に反対であった伊藤を殺害し、その結果として日韓併合の流れが決定的になったのであり、そういう意味では、韓国人の安重根礼賛は矛盾しているのだ。

では、日露戦争とはどのような経緯で起こり、何をもたらしたのか。

それを語る前に、ロシア帝国の歴史を振り返ってみたい。

1613年にロマノフ王朝が成立してから1913年までの300年間で、その領土拡張は1日平均60マイルに達していたという。アメリカ、中国、インドを併せ持つほどの広さであり、その拡張力は清《しん》国以上だった。

西ではスウェーデンと争いバルト海に進出し、南ではオスマン帝国と戦って黒海を支配、バルカン半島にまで勢力を伸ばした。中央アジア方面ではカスピ海とアラル海を越え、ペルシャ、インドへも進出を試みた。

さらに東でも、オホーツクからカムチャツカ、アリューシャン、アラスカ、北太平洋に出て、アムール川流域から日本海に至っている。シベリアやアラスカといった極寒の地、さらに千島列島から島伝いに南下するといった行動力や忍耐心、冒険精神は、他の民族のとうてい及ぶところではない。

こうして地上最大の帝国となったロシア帝国は、当時の大文明圏のすべてと接し、諸文明圏と交流する世界国家でもあった。

1689年、ロシアはピョートル1世の治世で、清の康熙《こうき》帝との間にネルチンスク条約を結び、国境を画定した。ロシアと清の中間に位置する満州は清を支配する満州族の父祖の地だが、人口過密の中国を統治するため満州人は南下しており、満州は無人の荒野となっていた。ネルチンスク条約で満州全域が正式に清の領土と定められたものの、そういう状態の満州がロシア勢力の進出を食い止めることは困難だった。

それでもアヘン戦争（1840〜1842）までの約200年間は、清はロシアの南下をほぼ阻止していた。こうしてユーラシア大陸の世界帝国である清・露は、それぞれの秩序を保っていたのだ。

そのロシアが日本にやってきたのは江戸時代である。1792年にはアダム・ラクスマンが北海道の根室、1804年には長崎にロシアの使節（ニコライ・レザノフ）がやってきたが、どちらも幕府に拒まれた。続いて1853年、ペリーの浦賀来航の1カ月半後、ロシアの海軍提督プチャーチンが長崎を訪れ、国書を渡している。この時、吉田松陰《よしだしょういん》はロシア艦隊への密航を企てるが失敗。その後、ペリー艦隊への密航も果たせず、入牢《にゅうろう》することになる。

翌1854年、日本とアメリカとの間に日米和親条約が結ばれた。プチャーチンはこれと並行する形でたびたび来日して交渉を重ね、1855年には日露和親条約締結に至る。

そして1858年には日米修好通商条約が締結され、イギリス、ロシア、オランダ、フランスとも同様の条約が結ばれた。これは関税自主権（国家が関税を自由に決められる権利）の不在、治外法権（特定の外国人が滞在国の法律に服することを免れる権利）など、日本にとって不利な内容であった。この不平等条約が解消されるのは日清戦争後、1899年に領事裁判権の撤廃と関税自主権の一部回復が行われ、関税自主権の完全な回復は1911年である。

一方、アヘン戦争で清が衰退するにつれ、ロシアの南下は加速していく。

アロー戦争（第二次アヘン戦争、1856～1860）で清国は敗北し、まず1858年に英米仏露による天津条約を締結させられた。その年にロシア帝国の東シベリア総督だったムラヴィヨフは、アロー戦争調停の報酬として清との間に璦琿《アイグン》条約を結び、ネルチンスク条約で清国領とされていた黒竜江（アムール川）左岸の土地を獲得するなどした。

さらに2年後、1860年の北京条約で、烏蘇里江（ウスリー川）より東、黒竜江より南の地域もロシア領に編入された。満州に属していた沿海地域をロシアが獲得し、「東方征服」を意味するウラジオストクと名付けたのもこの時である。海への出口を求めて極東に進出していたロシアにとって、この地は貴重な不凍港だった。ウラジオストクとロシア中央部を連結させる目的で作られたのが東清鉄道、そして北満州を横切るシベリア鉄道だ。

こうして清のアジアでの領土は次第に侵食されていき、1900年の北清事変（義和団の乱）で、ロシアは万里の長城より北の満州をすべて占領するに至る。翌年にはバイカル湖の区間を除いてシベリア鉄道は一応完成し、さらなる軍隊動員も可能にした。

満州からの撤退について、日清露間で交渉が繰り返されたものの、永久占領を狙うロシアは動こうとしなかった。1903年に来日したロシア陸相クロパトキン大将は、寺内正《まさ》毅《たけ》陸軍大臣と会談した際「ロシアには300万の予備兵があり、日本が敢然と挑戦すれば自ら大軍を率いて東京を攻める」と威嚇した。

全満州を占領された清の知識人の間でナショナリズムが巻き起こり、「拒俄《きよが》（ロシア排斥）運動」が起こったことは前章で述べたとおりである。しかし日清戦争や北清事変で疲《ひ》弊《へい》しきった清にとって、世界最大の陸軍国であり、かつ世界第二の海軍国であるロシアに対抗するすべはなかった。

このままいけば、満州やモンゴルのみならず、朝鮮半島までもがロシア領となり、中国は万里の長城を挟んでロシアと接するようになっていただろう。それを阻止したのが、日露戦争だった。

再び火種となった朝鮮王朝の内紛

ロシアの南下への抵抗勢力だったのが、陸の清国と海の日本である。そのためロシアは、弱小な半島の朝鮮を突破口にしようともくろんだ。日清戦争で清から独立した朝鮮を、今度はロシア領あるいはその勢力圏内に組み込むことで、対馬《つしま》海峡を保持できると考えたのだ。ウラジオストクを手に入れたとはいえ、日本列島によって出口をふさがれている以上、ロシアにとって朝鮮半島は絶対に必要である。

日清戦争時の朝鮮では、親日的な開化派が実権を握り、財政や教育の改革、身分制度廃止などに取り組んでいた。彼らによって高宗《コジョン》の妃である閔妃《ミンビ》は勢力を削がれ、閔妃の政敵である舅《しゅうと》の大院君は閔妃派、親日派を抱き込んで、一部の実権を取り戻した。

だが、三国干渉に日本が屈するのを見るや、閔妃は親露派に転向、ロシアの力を内政に引き入れた。こうして日本の影響力は後退し、開化派による改革も挫折を余儀なくされたのである。さらに親露派は親日派の訓練隊（日本人教官に訓練された二個大隊の近代的部隊）の武器を押収した。

そんな折、1895年10月、日本軍の守備隊や朝鮮親衛隊などが、景福宮に突入し、閔妃を暗殺するという事件が起こる（乙未《いつび》事変）。通説では、閔妃による親日派粛清を危ぶんだ三浦梧楼《ごろう》公使が首謀者とされているが、閔妃を憎む大院君が仕組んだという説もある。

日本人にはよく理解できないことだが、大院君にしても閔妃にしても、その時々で清、日本、ロシアと頼る相手をコロコロと変える。だが、これも大院君と閔妃の互いの憎悪から起こったものである。

大院君が清を頼れば、閔妃は日本に近づき、大院君が日本に近づけば、閔妃はロシアを頼る。こうした朝鮮内部での権力闘争が、日清戦争や日露戦争の一因となったのである。

この事件後、大院君は復権し、親露派を排除して改革政策を復活させた。

しかし男性のまげを切る断髪令が施行されると、保守的な両班《ヤンバン》（貴族）階級がこれに反発し、「尊中華攘《そんちゅうかじょう》夷狄《いてき》」を唱えて反乱を起こした。その隙《すき》にロシアと組んだ親露派によるクーデターが勃発、宮廷を脱出した高宗がロシア公使館で政務を執り行う「露館《ろかん》播遷《はせん》」に至った。内閣も公使館の一棟に設けられ、親露内閣が誕生した。

親日政権の閣僚は殺害され、財政と軍事はロシア人顧問に委ねられ、朝鮮はロシアの保護国化した。1897年、親露内閣は日清への対抗意識から、国号を「大韓帝国」、国王を「皇帝」と改称。帝国になったといっても強大になったのではなく、宗主国を

閔妃

三浦梧楼

清からロシアにすげかえただけのことである。

日露両国は勢力均衡、衝突回避のために交渉を重ねた。それでも当時のロシア公使は「韓国政府は過激な手段を行使しなければ救えない。韓国の独立は不可能だ」と、高圧的な対韓外交を行った。そのため、韓国の民衆の間で反露感情が増大、高宗も宮廷に戻らざるを得なくなった。

韓国は日本の助言を受け入れ、1898年にロシア人顧問を引き揚げさせたものの、ロシアは直ちに清国から旅順と大連を租借した。これらの地域は、かつて三国干渉で日本に返還させた軍事上の要地だが、ロシアは韓国から撤退する見返りとして日本に黙認させたのである。

こうして進出の矛先を半島から満州に向けたロシアだが、東清鉄道の完成を急ぎながら韓国侵略の機をうかがっていた。1903年には森林保護の名目で、満州と韓国の国境線である竜岩浦《りゅうがんほ》を占領、武力を背景に租借条約を結んだ。韓国は日本の抗議を受けて条約無効を宣言したものの、ロシアは竜岩浦の要塞《ようさい》構築にかかった。こうして日清戦争終了後、満州・韓国をめぐる日露の緊張が高まっていったのである。

その背景には、白人種の黄色人種に対する根強い偏見と差別があった。有色人種への差別は今でも大きな問題になっているが、この時代の人種問題は現在とは比べものにならない。

当時の西洋白人社会には「黄禍《おうか》（「黄禍《こうか》」とも読む）」、つまり黄色人種の脅威への極度の警戒心が存在していた。この言葉を広めたのはドイツ皇帝ヴィルヘルム2世である。彼は日清戦争末期の1895年、従兄弟にあたるロシアのニコライ2世にある絵画を送った。それはヴィルヘルム自身が下絵を描いた、「ヨーロッパの諸国民よ、汝らの信仰と祖国の防衛に加われ」という絵画で、武装した女神たちとそれを率いる大天使ミカエル、彼方《かなた》にうずくまる竜と仏陀《ぶっだ》が描かれている。

女神たちが西洋諸国、竜と仏陀は東洋の脅威を表しているこの絵は「黄禍の図」として有名である。ヴィルヘルムはこうして黄色人種への警戒、ロシアの極東進出を促したのだ。

確かにモンゴル帝国やオスマン・トルコ帝国など、アジアの勢力はたびたび西洋社会を脅かしていた。しかし大航海時代、そしてそれに続く植民地帝国時代を考えてみれば、脅威となったのは黄色人種よりむしろ白人種であることは明白だ。それが白人種の脅威「白《はく》禍《か》」であり、幕末期の尊王攘夷《そんのうじょうい》論《ろん》も白禍への警戒だったといえるだろう。

黄禍論の一方、アジアでは黄色人種の連帯を訴える動きが巻き起こった。日本では1893年に樽井藤吉《たるいとうきち》が『大東合邦論』で日朝の国家統合を、1924年には孫文が大アジア主義を訴えている。後に日本が唱える「大東亜共栄圏」も、同じ発想からくるものといえるだろう。

そして日露戦争で、アジアの一小国日本が巨大帝国ロシアを破ったことは、黄禍の恐怖をまざまざと見せつけた。日露戦争は単に2国間の戦争にとどまらず、欧米人の黄色人種観を塗り替える一撃ともなった。これが後にアメリカやオーストラリアで起こる排日・排華運動、また移民法の制定などにも影響を与えることになるのである。

戦雲立ち込める開戦前夜の日露

1805年のトラファルガー海戦でイギリスがフランス、スペインを破って以来、大英帝国が海の支配者の地位を独占していた。その制海権は大西洋、地中海、インド洋まで及び、「日の沈まない帝国」と呼ばれる通商大国だったのである。

しかし19世紀末から20世紀初頭にかけて、近代国民国家に鉄道と道路の整備が不可欠となり、陸路の鉄道が交通の中心を占めるようになった。アメリカの大陸横断鉄道、そしてロシアのシベリア鉄道はその代表といえる。

ロシアは1888年に中央アジアを走るカスピ海横断鉄道を完成させ、さらにフランス資本でシベリア鉄道敷設を計画するに至る。ロシアは黒竜江（璦琿《アイグン》条約で定められた清露の国境線）に沿って工事を進めたものの、川が大きく湾曲していたため、南の北満州を横切って距離を短縮する必要に迫られた。

そこで敷設されたのが、三国干渉の代償に清から敷設権を獲得していた東清鉄道だった。同年には満州西端の満州里《マンチユリ》と綏芬河《すいふんが》の幹線、翌年には旅順大連租借条約が結ばれてハルピンと大連、南満州の遼東半島に位置する旅順（黄海の海港）を結ぶ支線の敷設権をそれぞれ獲得している。

こうして日露戦争の半年前に当たる１９０３年、東清鉄道はシベリア鉄道と連結した。シベリア鉄道は軍港ウラジオストクとモスクワを連結するもので、全長は８３１４キロに達した。ヨーロッパからアジアまで大陸を横断できる鉄道の誕生は、イギリス海軍の抑止力を後退させ、通商や外交上のイギリスの優位を脅かすことを意味するものだ。

軍事面でも、強大な陸軍を短期間で派遣できる鉄道は、清、朝鮮、そして日本にとって大きな脅威だった。そのため日本国内でも「露国が朝鮮に向かいて侵略を始むる日」「露国に因《よ》り、駿速《しゅんそく》大兵を派遣し兵略上緊要の各地を占有」のようなシベリア鉄道警戒論が持ち上がっていたのである。

そんな中、日露関係を一気に緊張させたのが大津事件（湖南事件ともいう）だ。

１８９０年、第一回帝国議会の開会式に臨席する明治天皇の馬車を、高台からロシア大使の夫人や使用人が見下ろしていた。これに憤った日本の学生が大使館に投石し、大使館側も瓦を割って投げ返す事態になった。学生たちは軽い罰金刑となったが、両国間に漂う険悪なムードを示す事件といえるだろう。

関係改善のための皇室外交が図られ、1891年4月27日にはロシアのニコライ皇太子（後のニコライ2世・ロシア帝国最後の皇帝）が来日。4月27日に長崎に到着した皇太子は、5月6日に鹿児島、9日に神戸、27日に仙台、31日に青森という日本縦断を計画していた。軍艦7隻を率いての軍事的デモンストレーションを兼ねていたと見られる。

ロシアのシェーヴィッチ公使は滞日中の安全を危惧《きぐ》し、青木周蔵外相は「万が一の場合は日本の皇室に準じて処分する」と約束していた。そして5月11日、滋賀県大津で皇太子が警備巡査・津《つ》田《だ》三蔵《さんぞう》に切りつけられ負傷する事件が起こった。

事件後、明治天皇、有栖《ありす》川宮《がわのみや》熾仁《たるひと》親王、伊藤博文、黒田清隆らの皇族や重鎮が皇太子の旅宿を見舞った。また滋賀県知事や警

大津事件前に訪問した長崎での
ニコライ皇太子

察部長が事件直後に免官となるなど、大きな波紋を起こした。

ロシアの対日感情悪化を恐れた政府は犯人の死刑を要求したが、大審院長の児島惟謙《これかた》はこれに屈せず、謀殺未遂罪として無期徒刑の判決を下している。もし津田が死刑になっていれば、ロシアの圧力がかかったとして世論の反露感情が高まっただろう。児島は司法の独立を守り抜き、法治国家として罪刑法定主義（犯罪の認定や刑罰の重さは、既定の法律によってのみ定められるとする主義）を断固貫き通したのである。

国際関係が緊迫感を増していく一方、ロシアで快挙を成し遂げた日本人もいた。単独で大陸横断を果たした福島安正《ふくしまやすまさ》少佐である。

1878年には情報将校として苦力《クーリー》（人夫）や薬屋に変装し、5カ月間北支や蒙古を探索していた。そして日清戦争開戦の3年前に当たる1891年には、ロシア情勢や蒙古・満州の清の兵備などを調べる目的で「単騎欧亜大陸横断計画」を上申し、翌年実行に移したのだ。

2月に馬でベルリンを出立、ワルシャワやモスクワを経由してウラル山脈とアルタイ山脈を越え、モンゴル、満州を通過して翌年6月にウラジオストクに到着している。シベリア鉄道のない当時、大陸横断は命がけだった。シベリアでは落馬して重傷を負い、500キロにわたるコレラの流行地域を通り、満州では馬賊と戦うなどの困難を乗り越え、16カ月で1万4000キロを走破している。

これは単なる冒険のための冒険ではない。今のような報道も交通もない時代、自分の足で現地を探索することは軍事的にも重要な意味を持っていた。福島は帰国の2年後、今度は日露戦争に備え、大陸縦断を成功させている。その後も台湾領有後は台湾を探索し、北清事変でも北京に攻め込むなど、軍人として活躍し続けた。

露清秘密条約後におけるロシアの極東進出

1877年、ロシア帝国とオスマン・トルコ帝国の間で起こった露土戦争後の紛争解決のため、1878年に開かれたのがベルリン会議である。この会議でロシアは中東地域への進出を阻止されたため、アヘン戦争による清の弱体化に乗じて、シベリアから中国、朝鮮に手を伸ばそうと図る。

そのためにはロシアからシベリアへの輸送手段、特に大軍をウラル山脈以東に迅速に運ぶ手段が必要だった。シベリア鉄道はその目的で建設が急がれたのだ。

さらに朝鮮半島への進出を目論むロシアにとって、1900年の北清事変は絶好のチャンスだった。満州の治安維持の名目で大軍を送り込み、武力支配を既成事実化しようとした。こうしてロシアは極東情勢における台風の目となった。

ロシアがこれほど大胆に行動できたのは、世界の覇権を握る大英帝国がボーア戦争に忙殺されていたおかげである。加えて三国干渉でロシアと独仏との連携が強まったため、イギリスは日英同盟で日本をパートナーにする必要に迫られたのだ。

一方、ロシア政府にも平和政策を重視する動きがあった。蔵相ウィッテは合わせて4億6000万人の人口を持つ日・清・鮮との交易を重視し、清の官憲《かんけん》の力を借りて満州の治安を維持し、北京朝廷に満州支配権（鉄道・鉱山経営などの権益取得）の譲渡を交渉するといった路線を取る。

しかし陸相クロパトキンは、1897年から翌年にかけ、旅順・大連から全満州を占有するという強硬手段に出た。ウィッテは、これがやがて日露戦争を誘発することを予見していた。

当時のロシアは最強の陸軍国で、海軍の軍備拡張にも積極的だったが、1899年には経済恐慌を経験し、国内の社会不安が高まりつつあった。こうした経済的・社会的不安を抱えつつも、北

ベルリン会議における各国代表の様子

清事変以降は極東政策に拍車をかけていく。そして1903年には極東総督を設けるなどの政策をとり、日露戦争の予感は強くなっていった。

親露派の伊藤博文は、満州でのロシアの権利を認める代わりに朝鮮における日本の権利を認めてもらう「満韓交換主義」という妥協案を打ち出したりもしたものの、次第に開戦は避けられない流れになっていく。

日露戦争では、旅順をはじめとする満州が陸の主戦場となった。ここから「中国は日露の犠牲になった」という非難も起きているが、実際はどうだったのだろうか。

日清戦争で敗れた清は、日本に対抗するべくロシアに接近する。そして戦争の翌年に当たる1896年には露清秘密同盟条約が結ばれた。これは満州におけるロシアの権益を大幅に認めるもので、「軍事行動中清国ノ総《すべ》テノ港湾ハ必要ニ応ジ之ヲ露国軍艦ノタメニ開放スベシ（第三条）」と規定している。日英同盟でイギリスが日本に味方していたのと同様に清はロシアの同盟国であり、日本とは敵対する立場だった。

1898年、ロシアは朝鮮半島の北西に位置する遼東半島を租借し、さらに2年後の北清事変を足掛かりに満州を実質的に占領。清、そして英米もこれに抗議したものの、それ以上は何も手を打たなかった。

一方、日本の同盟国であるイギリスはアジアから後退しつつあり、ロシア、フランス、ドイツが相対的に勢力を伸ばしてきていた。このままいけばロシアが朝鮮半島、そして日本にまで手を伸ばしてくる可能性が出てきたのである。

おまけに中立であるべき清まで秘密条約でロシアと結んでいたため、日本はほぼ孤立した状態だった。明治維新から40年足らずしか経っていない新興国・日本にとって、軍事大国ロシアとの戦いは、国家主権の存亡にも関わる、まさにぎりぎりの選択だったのだ。

戦後、日露は戦場の「利用料」として日本150万円、ロシア200万ルーブルをそれぞれ清国に支払っている。国際法上も問題のない戦後処理であり、清の主権が蹂躙《じゅうりん》されたというには当たらない。

そもそも日本の勝利によって、清国は満州を取り戻すことができたのである。もし日露戦争がなければ、満州はシベリアのようにロシア領となっていただろう。その事実を無視し、後になって「日露の帝国主義の犠牲になった」と批判するのは的外れ以外の何ものでもない。

当時は日本国内でも反戦論や非戦論、厭戦《えんせん》論が巻き起こり、伊藤博文のような慎重派の閣僚もいた。しかし満州・朝鮮をめぐり、日露の対決は避けられないものになっていくにつれ、主戦派の桂太郎や小村寿太郎が慎重派を圧倒していった。世論においても、必戦論はだんだん高まりを見せていった。

日本の存亡を賭《か》けた祖国防衛戦争

開戦直前期、ロシアは北アジア・北東アジアで影響力を広げつつあった。全満州のみならず外モンゴルをも勢力下に入れ、内モンゴルに迫ろうとしていた。中央アジアでも西トルキスタンから東トルキスタンに勢力を伸ばそうと図り、チベットを影響下に置いてイギリスと勢力範囲を画定させつつあったのだ。

さらに1904年にはシベリア鉄道が全線開通し、ヨーロッパ・ロシアからの最初の列車がイルクーツクに到着。シベリア鉄道とそこに連結する東清鉄道は、日本にとって計り知れない脅威だった。

ロシアは清国に対して、満州を保護領化する密約を強要しようとしたものの、日英などの抗議にあい失敗。だが、1902年の日英同盟は、ロシアにとって脅威であるとともに、清国を後押しするものだった。この保護領計画の情報をキャッチした日本はロシアと断交、戦争開始に踏み切った。

またこの年、ロシアは清国と満州還付条約を締結し、北清事変以来満州を占領していた軍隊を三期に分けて撤退すると決めた。しかし第一期の撤兵は実行されたものの、第二期は韓国との国境方面で兵力を増強。第三期の時期になってもシベリア鉄道で陸軍兵士を送り込み、さらに海軍を東アジアに集中させようと図った。

増大するロシアの脅威を前に、日本はこの超大国と戦わざるを得ない状況に追い込まれていた。当時のロシアの国土は日本の67倍、世界の陸地面積の6分の1を占めていた。人口も2・2倍、陸軍兵力は10倍である。さらに陸軍力は世界1位、海軍兵力もイギリスに次いで第2位。清国のような前近代国家とは比較にならない巨大軍事国家だったのである。

大東亜戦争の直前、イギリスのチャーチル首相は松岡洋右《まつおかようすけ》外相に対し書簡で「鉄鋼生産高で英米は日本の12倍であり、（同盟国の）ドイツが敗北すれば日本は単独で戦えない」と警告した。だが、日露戦争当時のロシアの鉄鉱生産高は日本の30倍であり、状況は大東亜戦争以上に厳しかったといえる。

日本にとって唯一の勝機は、シベリア鉄道の輸送能力が弱いうちに開戦することだった。そのタイミングを誤れば勝ち目などない、まさに背水の陣だったのである。伊藤博文も、戦火が日本にまで及び、本土決戦になることを覚悟していた。世界的な世論でも、小国日本が超大国ロシアに勝てるという予測はまったくと言っていいほど出ていなかった。

わずかな例外だったのがドイツ参謀本部の参謀メッケルである。ドイツ語が分からないのに自分の講義を真剣に聞いていた男、児玉源太郎《こだまげんたろう》が総参謀長になると知ったメッケルは、日本の勝利を確信したという。

清国の立憲派のリーダーである張謇《ちょうけん》も「これは立憲国家と専制君主国家の争いであり、専制君主国家であるロシアに勝ち目はない」と考えていた。結果的にこれらは的中したが、当時は日本の勝てる見込みはきわめて低かった。

よく「日本による支那経綸《けいりん》（国家の秩序をととのえ治めることや、そのための方策）」や「日本の大陸政策は中国侵略だった」といわれる。しかし日本が満州に進出したのは、南下するロシアの脅威に対抗するためだった。

侵略目的で、兵力が10倍も違う相手と戦争をする国などない。満州に居座るロシア軍を撤退させ、かつ朝鮮半島でロシアに譲歩させて日本の優位を確立することが狙いだったのである。

日本の大陸政策に「支那保全」「支那覚醒《かくせい》」はあっても、日韓合邦《がっぽう》（日韓併合）のような「支那合邦」はなかった。支那との共存にはそれだけ手こずっていたのだが、大陸政策の目的はロシアの膨張主義への対抗だった。

児玉源太郎

ドイツ参謀・
メッケル

また日本はイギリス、ドイツ、イタリアといった国と同盟を結んできたが、日露同盟・日ソ同盟の道はなかった。現在でもまずあり得ないだろう。ロシアと日本はそれほど立場の違う相手だったのだ。

その時代の国際情勢や国家間の力学関係をまったく知らず、後知恵で「他国を踏みにじった侵略戦争」などと決めつけるのは、軽率以外の何ものでもない。

1903年12月30日、日本の衆議院は開戦の方針を決めた。しかし明治天皇は、日清戦争・北清事変と同様、この時も戦争に消極的だった。

翌年2月4日開戦決定。6日にロシアとの国交断絶を通告、8日に陸軍先遣隊が韓国の仁川《インチョン》から上陸、旅順港外のロシア軍に連合艦隊が夜襲をかけた。これを受けてロシアは9日、日本は10日に宣戦を布告した。

ロシアは宣戦布告前の奇襲を非難したが、欧米諸国は日本を支持した。戦争行為に先立ち宣戦布告の義務があるかは国際法上あ

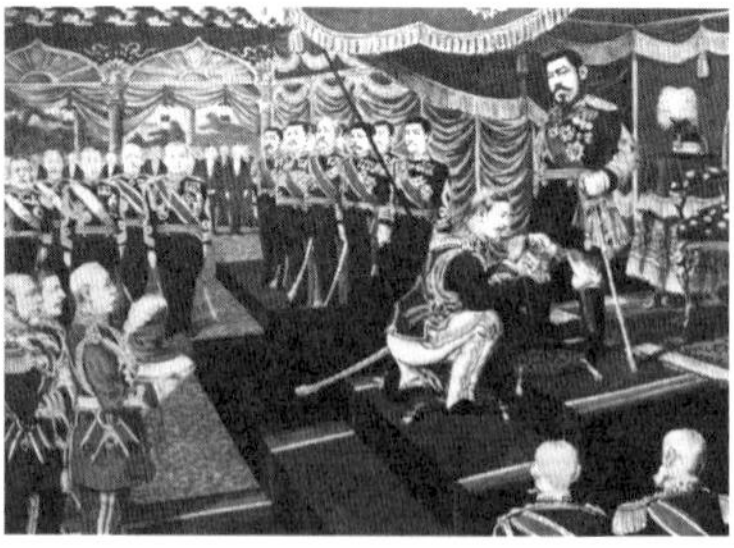

日英同盟によりガーター勲章を受ける**明治天皇**

いまいで、ロシアも最悪の事態を想定するべきだったのだ。交渉期間はあったし、日本は警告も発していたのだから、国際法上も有効と考えられたのである。のちの真珠湾の時とは全く逆だった。

勝敗を決めた陸の大会戦

四軍に編成された日本陸軍の動きをそれぞれ見てみよう。

第一軍（司令官・黒木為楨《ためもと》）：先遣隊が仁川に上陸して朝鮮半島を北上。1904年5月に鴨緑江《おうりょくこう》、7月に摩天嶺《まてんれい》でロシア軍を破って遼陽《りょうよう》を目指す。

第二軍（司令官・奥保鞏《やすかた》）：5月に遼東半島に上陸。1万7000人のロシア軍が守る南山要塞を占領し、7月の大石橋《だいせききょう》でも勝利を収める。

第三軍（司令官・乃木希典《のぎまれすけ》）：海軍の要請により、バルチック艦隊到着前に旅順要塞を攻略し、港内のロシア艦隊壊滅を目指す。

第四軍（司令官・野津道貫《のづみちつら》）：新編の軍。第一軍・第二軍と共に遼陽に進む。

6月には満州軍総司令部が設置され、大山巌《おおやまいわお》元帥が総司令官、児玉源太郎大将が総参謀長に任命され、南満州には32万の兵力が送り込まれた。遼陽では8月末から日露の総力戦が始まるが、中でも有名なのが203高地における攻防である。

旅順港内のロシア太平洋艦隊は陸上の砲台に守られ、健在だった。しかしロシアの誇るバルチック艦隊が極東に向かっているとの情報もあり、日本は早急に旅順要塞を攻略しなければならなくなった。乃木中将の率いる第三軍は8月、10月と2度にわたって攻撃を開始するが、ステッセル司令官の守る要塞を崩すことができず、多くの死傷者を出す結果になった。

そこで大本営は全ての予備兵力を投入し、11月からは児玉総参謀長の直接指揮によって、3回目の総攻撃が行われ、12月5日ついに旅順を見下ろす203高地を占領することに成功。そしてこの高地に据えた「28糎《サンチ》砲」によって旅順港内の太平洋艦隊を壊滅させた。こうして連合艦隊は北欧からやってくるバルチック艦隊に備えることができたのである。

旅順攻防戦の日本軍は後方部隊を含めて約13万人、5万9000人が死傷した。ロシア側の死傷者は不明だが3万余といわれ、戦史に残る消耗戦となった。

翌1904年1月1日、ステッセル司令官は降伏を申し出、5日には水師営《すいしえい》で降伏文書が調印された。ここでステッセル司令官と乃木中将が互いの武勇を讃《たた》え合ったという文部省唱歌「水師営の会見」が有名だ。

日露戦争最大の戦いとなったのが、1904年8月24日〜9月4日の遼陽の会戦（双方が比較的大規模な陸軍戦力を投入して行う戦闘）である。この時の総戦力は日本軍13万人余、ロシア軍22万人余（日本17万人、ロシア19万4000人とも）で、日本軍2万2500人、ロシア軍2万人の死傷者を出す激戦だった。消耗戦の結果ロシア軍は9月3日に総退却し、日本軍は翌日に遼陽を占領。補給に手間取ったため、ロシア軍の追撃には至らなかった。

クロパトキン満州軍総司令官は雪辱を果たすべく再南下し、遼陽の北方に布陣。日本軍は太子河まで退却し、太子河に注ぐ沙河《さか》で再び会戦となった。戦闘は10月10日から12日までに及び、優勢を確保できないロシア軍東部軍は後方に撤退した。

守勢の日本軍はロシア軍の攻勢を食い止め、全体としては優勢を保ったものの、2万4997人の死傷者を出した。一方のロシア軍は死傷者・行方不明者4万7769人だったが、兵員と弾薬を消耗した日本軍には敵を追い詰める余力はなかった。

乃木希典

ステッセル

旅順が陥落した時点から、日露講和の可能性が議論されるようになった。ドイツ皇帝ヴィルヘルム2世が仲介役に名乗り出、日本の領土要求がない形の講和をアメリカのルーズベルト大統領に提案している。

この頃、ロシア側は国内外に問題を抱えていた。アレクセーエフ極東太守とクロパトキン満州軍総司令官の間で意見が対立していたのである。本国でも敗戦により革命派や被支配諸民族の反抗が激化し、財政難も深刻だった。それでもロシアは25万人以上の兵力を再結集させ、戦争は長期化した。

日露戦争における陸戦の事実上の終結となったのが、1905年3月1日から10日にかけての奉天の会戦である。ロシア軍36万2200人（砲1386門）と日本軍24万人（砲992門）が激突し、死傷者は日本軍7万0028人、ロシア軍は約9万人に及んでいる。

日露戦争というと乃木中将ら前線で戦った軍人が有名だが、裏方として日本を支えた明石元二郎《もとじろう》の活躍を外すことはできない。

ヴィルヘルム2世
（ドイツ連邦公文書館）

明石1人で
20万人に匹敵する
戦果を挙げた

明石元二郎

ロシア公使館付武官だった明石は開戦と同時にヨーロッパを回り、帝政ロシア打倒を目指す運動家と接触した。

彼は反帝国主義を唱える10以上の政党と連携し、当時の金額で100万円という巨額の工作資金を活用して、ロシアに背後から揺さぶりをかけた。明石の活動は、結果的にヨーロッパの社会主義運動をも支えたといえる。ドイツ皇帝ヴィルヘルム2世も「明石1人で、大山巌が率いる20万人に匹敵する戦果を挙げた」と評価している。

世界を驚嘆させた日本海海戦

海でも日本軍は快進撃を続けた。旅順港でロシア艦隊を攻撃、ウラジオストクの艦隊も撃沈した日本海軍は、1904年8月の段階で制海権を握った。同じく8月7日、連合艦隊は黄海海戦で旅順脱出を図ったロシア艦隊を阻止、14日にウラジオストク艦隊を蔚山《ウルサン》沖海戦で撃破した。23日、ニコライ2世は御前会議でヨーロッパからの第二艦隊派遣を決定。翌年2月にリバウを出港したこの第二太平洋艦隊こそ、いわゆるバルチック艦隊の基幹船団である。

戦艦38隻、乗員1万人の大船団による、地球半周以上の移動は容易ではない。まず主力艦船は喫水《きっすい》（船体が水中に沈む深さ）が深く、当時のスエズ運河を通れなかったため、分隊がスエズ運河を通過、本隊はアフリカ西岸から喜望峰を回って後で合流することになった。

また主要な軍港はほとんど日本の同盟国イギリスに押えられており、寄港や補給も思うようにならなかった。中立国だった仏領インドシナのバン・フォンに寄港した時も、日本の抗議を受けすぐに出港しなければならなくなった。フランスとドイツはロシアの同盟国だが、世界の海を支配するイギリスほどの影響力はなかった。

一方、迎え撃つ日本は、戦艦6隻と巡洋艦6隻の、いわゆる六六艦隊を編成していた。バルチック艦隊の総トン数19万1000トンに対し、日本の連合艦隊は23万3000トン。時速もロシアの最高速力18ノットと比べ、日本は18～20ノット以上と、性能でも引けを取らない。

1905年5月27日、日本海に入ってきたバルチック艦隊と相対した連合艦隊は、敵前で大回頭するという奇策に出た。一直線に進んでくるロシア艦隊を1列で迎え、敵の前方間近で180度ターンし、ロシア艦隊の頭を押さえる「丁字《ていじ》戦法」だ。敵に近接して横腹をさらすという危険極まりない作戦だが、連合艦隊司令長官である東郷平八郎の采配で成功し「東郷ターン」の名がついた。

翌28日までの２日間の戦闘で、ロシア艦隊は38隻中21隻が沈没。拿捕《だほ》・抑留６隻、将兵1万５０００人のうち捕虜約６１０６人、戦死者約４８３０人という壊滅状態だった。一方、日本の損害は水雷艇３隻沈没、死者１１７名にとどまった。

この日本海海戦における圧倒的大勝利に世界が驚いた。ルーズベルトは「トラファルガーの海戦以上に完璧」と絶賛し、東郷はトラファルガー海戦でフランス・スペインを破った英国海軍提督にならって「東洋のネルソン」とたたえられた。

負ければ制海権を奪われ、満州派遣軍への補給も途絶えることとなり、それは敗戦を意味した。海戦開始に際し、東郷が「皇国の興廃この一戦にあり。各員一層奮励努力せよ」と檄《げき》を飛ばしたことは有名だが、まさにその通りの大一番で、日本は見事に勝利を収めた。

しかしこの頃には日露双方とも戦力・国力の消耗が激しく、国際社会も講和交渉を考えるようになっていた。

日清戦争以来の日本の善戦は世界で高く評価されていたものの、

「東洋のネルソン」
東郷平八郎

日本海海戦は
トラファルガー
海戦より完璧だ

アメリカ大統領
セオドア・ルーズベルト

戦前のロンドン市場では、やはり軍事大国ロシアの方が評価は上だった。陸海で日本が勝つか負けるかも予想が分かれており、そのせいかロンドンの金融業者は日本の公債募集に消極的だったという。

しかも、日露戦争は黄色人と白人の戦争と考えられていた。日本の同盟国イギリスの王室はロシア皇室と親しい間柄で、イギリスでの公債公募はスムーズにいかない。一方のロシアにはフランスがついていて、比較的楽に戦費《せんぴ》を調達できていた。

そんな日本に手を差し伸べたのがニューヨークの大財閥、クーン・ローブ商会の首席代表者シフだった。シフの意向を受けたバース銀行頭取が公債の残額500万ポンドを引き受け、日本は一息つくことになる。

相次ぐ勝利によって日本の戦費調達が好転する一方、敗北が続くロシアでは革命が勃発《ぼっぱつ》、さらにフランスから離れドイツに接近したため財政状況が悪化。短期の国庫証券を発行したものの、ついには戦争継続が不可能となった。

日本の戦費のうち6億9400万円は、英米独の資本でまかなわれた。全戦費が14億6420万円であるから、ほぼ半額を外資に頼ったことになる。また戦費合計17億円、うち80％に相当する14億円を公債、その54％に当たる8億円が外債だったという計算もある。

ロシアも戦費15億2400万円のうち、ほぼ4割に当たる6億8150万円を仏独資本に頼ったが、最終的に日本への賠償金は1円も支払われなかった。

日本の生命線となった満州

日露戦争は、両国に重い負担をもたらした。

ロシアでは戦争前から多くの問題を抱えており、皇帝は戦争を利用して「黄禍」を強調し、愛国心を盛り上げようと試みた。しかし敗戦続きで民衆の生活は圧迫され、レーニンら社会主義革命派に勢力拡大のチャンスを与えてしまうことになる。

一方の日本も、遼陽や奉天で敵軍の主力を壊滅させることができなかった。その原因の一つはシベリア鉄道である。いったん退却しては次々増強されてくる兵力を相手に、日本は苦戦を強いられた。動員能力や武器調達能力は次第に消耗し、戦費調達もうまくいかなくなった。

当初、山縣《やまがた》参謀長は鉄嶺・ウラジオストク・樺太島を占領する作戦を立てていたが、事実上困難になった。ロシアを屈服させるにはモスクワからペテルブルグまで攻め込む必要があったが、日本には長期戦に耐える余力がなかった。そこでアメリカに斡旋《あっせん》を依頼するなど、講和への道を探り始めたのである。こうして1905年初頭の旅順陥落、3月の奉《ほう》天会戦《てんかいせん》を機に、セオドア・ルーズベルト大統領はロシアに講和を打診した。

バルチック艦隊に期待をかけるロシアはこれを拒否していたものの、5月の日本海海戦でバルチック艦隊が壊滅し、また国内でも同じ年1月に帝政打倒を求めて「血の日曜日」事件と呼ばれる非武装の請願行進への発砲事件があったため、ついにロシアも妥協した。こうしてルーズベルトが仲介し、ロシア皇帝がドイツのヴィルヘルム2世の勧告を受け入れる形で平和交渉が始まった。

日本は7月に樺太を占領、8月10日にアメリカ東海岸の軍港ポーツマスで日露の講和会議が開かれた。そして9月1日に休戦協定、5日に講和条約締結という流れになったのである。

日本から小村寿太郎《こむらじゅたろう》外相と高平小五郎《たかひらこごろう》駐米公使、ロシアからはウィッテ元蔵相とローゼン駐米公使（前駐日公使）がそれぞれ全権大使として出席した。

条約の内容を以下にまとめてみよう。

1、韓国における日本の政治、軍事上、経済上の優位権の承認。かつ必要な場合の指導、保護、管理を行う権利の承認。
2、遼東半島（関東州）租借権の日本への譲渡。ただし清朝政府の承認を要する（190

5年12月に承認)。
3、北緯50度以南の樺太を日本に譲渡。
4、沿海州における日本の漁業権供与の約諾。

日露戦争では賠償金が全く取れなかったため、世論はこれに猛反発、1905年9月5日日比谷焼き打ち事件などの暴動にまで発展した。しかしこれ以上戦争を継続できない日本にとってはやむを得ない選択だった。

ポーツマス条約に先立つ7月の桂・タフト協定（桂太郎総理大臣とアメリカのウィリアム・タフト陸軍長官との間で交わされた協定）、8月の第二次日英同盟で、韓国に対する日本の優位権は承認されていた。さらにロシアとの戦いに耐えたことで、韓国と満州はロシアの支配から逃れ、日本の独立と安全も守られたのである。

また、遼東半島の租借権と、長春〜旅順間の東清鉄道（後の南満州鉄道）に関する権利も譲与された日本は、南満州を中心として全満州に影響力を広げていく。それは鉄道や鉱山経営、課税、証券、居住権、商工業などの、いわゆる「満蒙の特殊権益」を意味していた。

日露戦争の12年後にあたる1917年に締結された石井・ランシング協定でも、アメリ

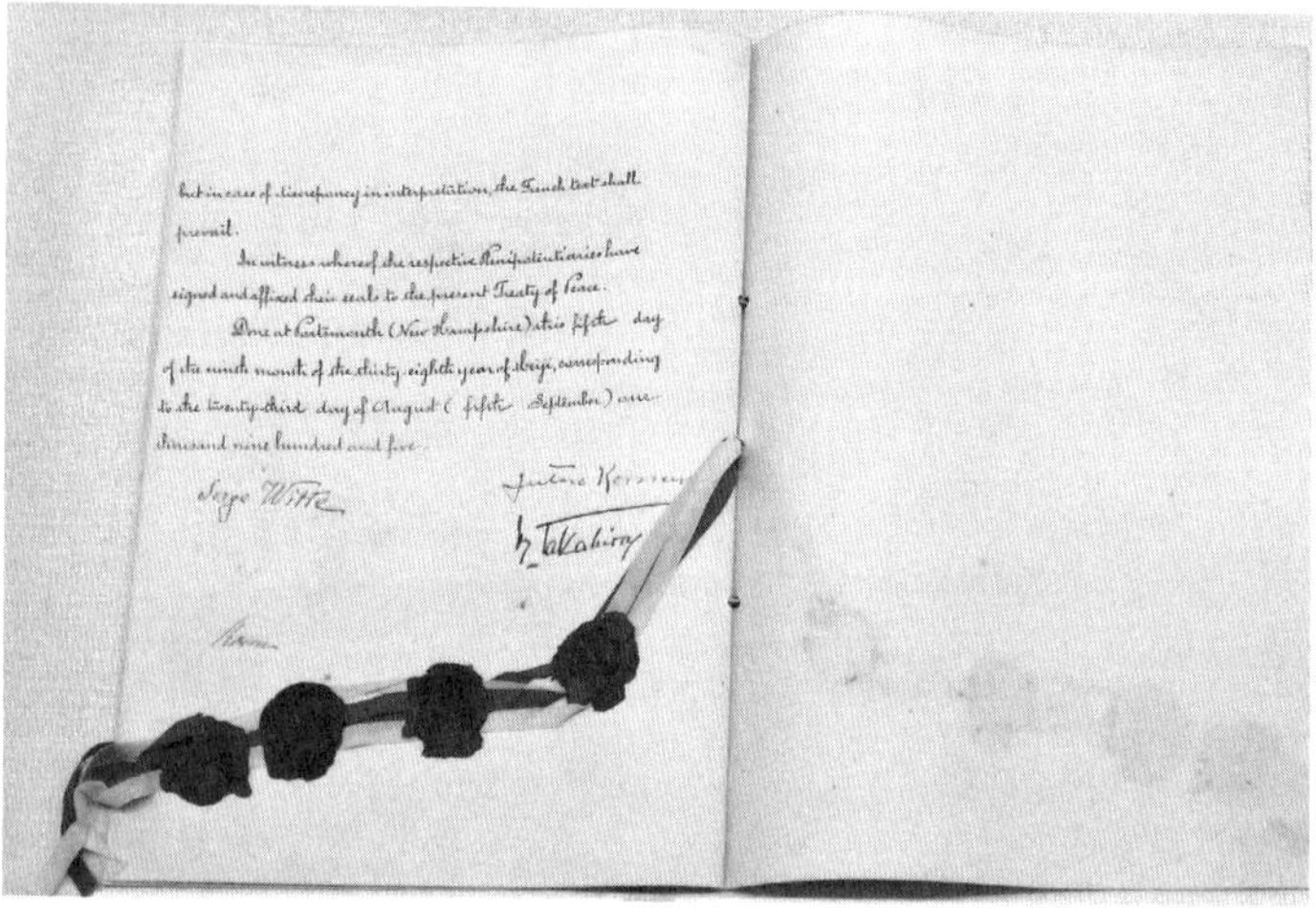
but in case of discrepancy in interpretation, the French text shall prevail.
In witness whereof the respective Plenipotentiaries have signed and affixed their seals to the present Treaty of Peace.
Done at Portsmouth (New Hampshire) this fifth day of the ninth month of the thirty-eighth year of Meiji, corresponding to the twenty-third day of August (fifth September) one thousand nine hundred and five.
Serge Witte
Jutaro Komura
K. Takahira

日露講和条約の正文（日本外務省）Komura と Takahira の署名が確認できる

カは「支那の独立を毀損《きそん》せざる範囲において、日本の特殊権益を容認」するという立場を示している。

こうしてロシアは南満州を日本に明け渡したものの、北満州は支配下に置いたままだった。26年後の満州事変まで、北満州はロシア領、南満州は日本領（あるいは勢力圏）という二分状態が続いていたのである。

その後も日本とロシアは、朝鮮半島・満州・モンゴルの勢力分割をめぐって会議を開き、１９０７年から１９１６年までの間に計４回の日露協約を結んでいる。しかし１９１７年の革命で帝政ロシアは崩壊、その後に樹立されたソ連政府は１９１９年、中国におけるすべての権益を放棄し、中国との間に結んだ不平等条約も撤廃すると表明した。

また日本は1905年に清国と「満州善後条約」を締結し、ポーツマス条約で定められたとおり、遼東半島の租借権と南満州鉄道の権利移譲を承認させた。しかし1911年には辛亥革命で清朝が倒れ、中華民国が建国。内戦によって各地に政府が乱立し、日本の権益を否認する動きが激化した。

こうして「日本の生命線」である満州を守ろうとする日本と、それを阻止する中華民国の衝突が激化し、満州国建国から日中戦争、日米戦争へと発展していくのである。

日本の勝利に熱狂したアジア諸民族

戦後日本では、日清・日露戦争を「朝鮮半島・中国大陸に対する侵略行為」とする見方が主流になっている。しかし当時の国際情勢にあって、日本が自国の安全と独立を守るために闘った戦争であったことは、本書でも見てきたとおりだ。

日露戦争の勝利は、結果的に中国を分割の運命から救うことにもなった。アヘン戦争、アロー戦争、清仏戦争でヨーロッパに敗北し、日清戦争で日本にも敗れた清国は、その弱体ぶりを世界にさらしていた。老いた大国に列強諸国がこぞって手を伸ばし、勢力範囲を決めようとしていたのだ。万里の長城より北がロシア、長江より南がイギリス、その中間がドイツという中国分割計画まで進行していたのである。

しかし日露戦争に勝利した日本が大陸に進出し、中国分割（明代からの伝統領土にある内中国と清が200年かけて手に入れた外中国の放棄返還をも含めて）に水を差したことで、ヨーロッパ勢力はアジアから撤退することになる。

もし日清・日露戦争がなければ、いやそもそも明治維新がなければ、アジアはどうなっていただろうか。おそらく清国だけでなく、朝鮮、日本、台湾はすべてロシアやアメリカによって分割されていたのではないだろうか。

日清戦争、北清事変、日露戦争といった試練を見事に切り抜けた日本が、新たな強国としてアジアに出現したことで、欧米勢によって占められていた世界の勢力地図は大きく塗り替えられたのだ。

また日清戦争が朝鮮や台湾など東アジア諸民族を清の支配から解放したように、日露戦争も民族解放に寄与した。当時世界一の軍事大国を打ち破った日露戦争は、アジア諸民族の自覚を促し、民族解放運動の起点ともなったのである。

教育者・農学者として知られる新渡戸稲造《にとべいなぞう》は、アジアの代表たる日本がヨーロッパの強国ロシアに勝利したことは、アジアの人が「奴隷に非《あら》ざる」「自主の人」であることを世界にアピールする好機であるとし、「アジアは日本に学ぶ」と主張したが、実際にその通りになった。

　たとえばイギリスの植民地だったインドでは「もっとも遠隔の村落の住民でさえ、夕方仲間と同席すると日本の勝利の話をした」という（ハンス・コーン『アジア民族運動』）。この時期を境に、インドではイギリス製品の不買運動などの反英運動や独立運動が加速していった。

　ロシアの支配下にあったポーランド、フィンランド、バルカン半島諸国も、敗戦による国内策として圧制から解放された。ロシアに対する抵抗運動も盛んになり、１９１７年には帝政ロシアは崩壊した。

　特に世界の注目を集めたのが、日本軍人の愛国心である。その賞賛の言葉をいくつか抜粋してみたい。

「日清戦争開戦当初、イギリスの一流新聞はどれも清国の勝利を予言していた。また日露の海戦に至っても、我々はこの若い強国に同情を抱きながらも、果たして何人が陸海軍がともに勝利を得るなどと信じていただろう。半世紀前の日本は世界からまったく閑却《かんきゃく》されていたのだが、現在の日本は世界の列強の一つであり、大英帝国の同盟国でもあり、世界史上超絶する愛国心に満ち溢《あふ》れる陸海軍を有し、アジア大陸においては本国よりさらに広大な領土を獲得し、高い理想の下で激励された勤勉な人民を有している。我々イギリス人も、日本からは多くの点において刺激を受け、ともに競争することを誇りにするようになるだろう」（「デイリー・エクスプレス」1912年7月30日）

「日本兵士の精神的な力、つまり克服しがたい自力本願、献身的な愛国心、そして騎士道的な、死をも恐れぬ心」（フランスのネブリエ将軍）

「日本の軍人は個々の資質が高く、海軍でいえば艦船よりも乗り組む将兵のほうが大切な存在になっていることは、イギリスにとっても教訓になる」（イギリス海軍大臣セルボーン）

「こうした愛国の熱気こそ、平時と戦時とを問わず日本が成功を収めるに至った主因である。こうした日本の体験は、国というものはみずからかくあらんと決意すれば、その信ずるとおりの国になるものであるということを立証している」（ヘンリー・ダイアー『大日本』）

他方ロシア人について、ダイアーは次のように評している。

「ロシア人はその大多数が愛国心も強く、信仰するロシア正教も信者たちに愛国心を説いている。それはしかし、日本人の燃えるような愛国の情熱には及ぶべくもない」

「ロシア軍の兵士は、危険な立場に立たされた時は確かに勇敢である。しかし、それはたいていの場合、単なる蛮勇《ばんゆう》であって、近代戦のもっとも重要な要素である知的行動と科学的知識を欠いている」

当時のロシアは帝政の下で農奴が搾取される状態で、国民の4分の3が非識字者だったとされていた。近代化を目指しつつも、日本と異なり教育に重きを置かなかったことが、近代国民としての意志や資質を向上させられない要因だったのではないだろうか。

日露戦争が20世紀の世界秩序を変えた

伝統的に異民族を「夷」としてさげすんできた中国だが、戦後になって、新渡戸稲造が言うように「日本に学べ」運動が巻き起こる。

まず日清戦争の直後の1898年、清朝では明治維新をモデルとした改革運動「戊戌維新《ぼじゅついしん》」が行われたが、百日維新《ひゃくにちいしん》の名の通り短命で終わった。その後の北清事変、そして日露戦争の日本の勝利を受けて、立憲運動と革命運動を推進しつつ、日本に学ぼうとする動きが広がる。この「師夷（夷狄に学ぶ）」「師倭《しわ》（日本人に学ぶ）」運動は、中華帝国でかつてなかった画期的な出来事だった。

日露戦争の勝利は「立憲制が専制政治に勝つことの証明」ともてはやされ、清国政府も立憲政治採用に乗り出した。5人の大臣が日本や欧米に派遣されて8カ月の視察を行い、日本にならって「10年後に立憲政治を施行すべし」という意見が出された。1908年には大日本帝国憲法を手本にした「欽定憲法大綱」が公布された。

1899年から1910年の間、中国における日本遊記は140種、日本の政治、法律、教育、農鉱工業、軍事、警察などに関する翻訳は600種を超えたという（譚汝謙《たんじょけん》の報告による）。これら多くの分野、ことに近代科学技術に関する多くの和製漢語が中国に輸入されている。

日本の教育への関心も高く、中国各地の学堂では、最盛期で約600人の日本人教員が教鞭《きょうべん》をとっていた。

また1905年の日露戦争後は、清国留学生の数は1906年に約1万人、あるいはそれ以上と推定されている。1900年からの2年間で、日本の陸軍士官学校（陸士）は630人の清国人卒業生を送り出した。辛亥革命後の中華民国政府では、軍人将校の10人中9人が日本陸士出身者で、その3分の2は大将か中将だった。李鴻章の死後に軍の最高実力者となった袁世凱以外の、軍事実力者の多くは日本陸士の卒業生である。

彼らは軍事の知識や技術だけではなく、愛国心も日本から学び得た。後に軍事指導者となる蔡鍔《さいがく》は「軍国民篇」という論文で、日本の教科書がみな尊皇愛国を教え、日清・日露戦争についても詳しく書いていることに触れて「国魂《くにたま》」の重要性を説いている。

留学生の間で流行した「国魂」の語について、蔡鍔《さいがく》の師・梁啓超《りょうけいちょう》は「日本でいう武士道に当たる」と説明している。今でこそ日本の愛国心・軍国主義は中国で批判の的だが、当時の留学生たちは祖国の革命のため、日本の愛国心や武士道を熱心に学んでいたのである。

日露戦争の勝利はアジアや列強の被支配国にとっては憧《あこが》れと崇拝の対象となるが、列強にとっては苦々しい出来事だった。特にバルチック艦隊壊滅のニュースが流れた時、日本の同盟国イギリスさえ「日本の勝利は白人の幸福ではない」と考えていた、とヨーロッパに滞在していた孫文は証言している。

中華帝国を築いたモンゴルや清も満州を押さえており、後の国共内戦でも、共産軍は満州で兵力を強化した上で南方を制圧した。地政学的に北東アジア、そして東アジアに進出する足掛かりとなる満州は、アジアの要衝だったのである。

バルチック艦隊が壊滅した時、ロシアのライバルだったアメリカは大喝采《だいかっさい》したものの、次第に危機感を強めていった。「黄禍」への警戒から日系移民への差別や迫害が始まるのもこの頃からである。

またポーツマス条約後にアメリカは南満州鉄道の共同経営を日本に申し入れたが、成立しなかった。戦時公債５００万ドルを引き受けた鉄道王ハリマンも南満鉄の共同管理案を提示し、予備協定まで結ばれたものの、やはり破棄されてしまった。

近現代史研究家の中村粲《なかむらあきら》は、この時期こそ日米抗争の起点であり「満州に於ける鉄道争覇戦の中に『大陸政策をめぐる日米抗争』という大東亜戦争の原型を認めうる」と指摘している。

アメリカはこのような日本の態度を「門戸開放に基づく極東政策に対する挑戦」と受け止めた。1931年に満州事変（関東軍が南満鉄の線路を爆破したのを機に起きたとされる日中の武力衝突）が発生した際、アメリカは日本排斥《はいせき》へと動く。

また大東亜戦争直前の1941年11月、アメリカは交渉文書「ハル・ノート」で中国からの即時撤退、大陸におけるすべての権利放棄などを日本に強要した。これは日露戦争やその後の協定で手に入れた、遼東半島の租借権や南満鉄などのすべてを放棄せよ、というものだ。多くの犠牲を払って築き上げてきた「日本の生命線」を手放すことなどできるわけがない。こうして列強の中で孤立した日本は、じょじょに戦争への道を歩んでいくことになる。

日本は日露戦争で勝利したことで列強の確固たる地位を築いた。しかしそれが同時に、孤立と大戦の敗北の遠因となったのである。20世紀初の近代戦となった日露戦争は、日本のみならず、その後の世界の運命も大きく変えていったのだ。

第四章

日中戦争——歪《ゆが》められた歴史の事実

20世紀初頭は中国史上最悪の内戦時代

日中戦争といえば、現在の中国は「日本による中国侵略と、それに打ち勝った共産党」として、あたかも国同士が戦い、共産党率いる全中国が日本を破ったかのように宣伝しているが、真実はまったく違う。

中国の内戦に次ぐ内戦のなかで、日本が引きずり込まれていったのが、日中戦争の本質である。それを知るためには、当時の中国の状況を正確に知る必要がある。

白蓮教《びゃくれんきょう》の乱が起こった1700年代末期から1970年代の文化大革命まで、中国では実に2000年近く内戦・内乱状態が続いていた。それ以前は満州人王朝6代200年にわたる対外征伐戦争だった。

特に1900年の北清事変《ほくしんじへん》後、激化したのが匪賊《ひぞく》（略奪・殺人・強盗などを行う集団の匪賊）の活動、そして一部の知識人による立憲・革命運動である。その中で辛亥革命《しんがいかくめい》（武《ぶ》昌起義《しょうきぎ》とも）が起こり、清朝を崩壊に導く。しかしこの「革命」の発端は、極めてお粗末なものだった。

1911年10月10日、革命派と対立する反孫文派の共進会と、一般兵士中心のグループ文学社が武漢のロシア租界で爆薬を密造していた。そこで暴発が起き、官憲に踏み込まれた武昌《ぶしょう》の新軍内部の革命派があわてて決起すると、砲声一発で官憲が逃げ出してしまった。

このような突発的事態で決起したため、革命派には地位あるリーダーがいなかった。そのため逃げ遅れた新軍の旅団長の黎元洪《れいげんこう》（後の中華民国大総統）を捕まえて強引に湖北革命軍政府の都督に担ぎ上げたのである。こうして革命を弾圧していた軍人が革命の表看板になるという異常事態が生じた。

武昌の勝利の知らせは瞬く間に広がり、18省のうち15省が独立するに至る。しかしその省の都督府を掌握したのは、多くが革命派ではなく立憲派や新軍だった。つまり革命を推進したのは、民間の革命運動家ではなく官僚だったのである。その結果、各地で権力争いが起こり、内戦が多発することになった。

１９１２年に中華民国が成立し、清の皇帝宣統帝・溥儀《ふぎ》は退位に追い込まれた。政権は中華民国の南京臨時政府に委ねられたものの、内部対立や財政難、列強による政権承認など数々の問題を

辛亥革命で中華民国成立に沸く上海

抱えていた。各省の革命政権も北方軍閥の攻撃によって有名無実化したため、臨時大総統の孫文《そんぶん》はやむなく北方軍閥の実力者である袁世凱《えんせいがい》に政権を売り渡し、自分は鉄道大臣となった。

袁世凱は中華民国の初代大総統に選出され、首都は北京に移転。しかし革命派の新リーダーで、国会と与党・国民党の指導者だった宋教仁《そうきょうじん》が暗殺されたのをきっかけに、「反袁《はんえん》運動《うんどう》」と呼ばれる第二革命戦争が巻き起こる。敗れた革命派の孫文らは日本に亡命し、袁は帝制を復活させて年号も紅憲と改め皇帝に即位した。

しかし今度は袁派の新軍が帝制に反対し、「雲南起義《うんなんきぎ》」と呼ばれる決起が勃発《ぼっぱつ》。帝制は結局挫折《ざせつ》し、中華民国は南北の軍閥内戦に突入する。

袁世凱が１９１６年に死ぬと、北洋軍閥は安徽《あんき》派（段祺瑞《だんきずい》）、直隷《ちょくれい》派（馮国璋《ふうこくしょう》・曹錕《そうこん》・呉佩孚《ごはいふ》）、奉天《ほうてん》派（張作霖《ちょうさくりん》）に分裂し、１９２０年の安直《あんちょく》戦争（安徽《あんき》派対直隷《ちょくれい》派）、１９２２年、１９２４年の奉直《ほうちょく》戦争（奉天派対直隷派）といった内戦が続発。張作霖は第一次奉直戦争で敗れ、満州に逃れて独立を宣言した。しかし第二次奉直戦争において馮国璋が曹錕を幽閉、呉佩孚を下野に追い込んだため、結局、張の勝利となった。

南京の革命政権もまた有名無実化し、二次革命、三次革命が起こった。さらに袁世凱の死後は、孫文が反北京勢力の軍閥や匪賊を結集して広東軍政府を三度にわたって樹立。孫文らに支配された広東は、人類史上最悪と言われるほどの重税が課され、孫文が集めた各地の軍閥と匪賊は「客軍」と称される。客軍は各政府要所を占有して、権益を貪《むさぼ》り、広州では大元帥孫文による民衆大虐殺まで発生した。

孫文は自前の軍隊を作るべく、コミンテルン（共産主義政党の国際組織）の工作員の進言を受けて黄埔《こうほ》軍官学校を開設し、コミンテルンの指導で内乱を繰り広げていったのである。現在「革命の父」として中国で英雄視されている孫文だが、むしろ近代中国における戦乱の元凶というべきである。

内乱は中国の宿命と言っていいだろう。この時期は四川省内の軍閥内戦だけでも500回という有り様だが、改革開放後の1990年代でさえ、江西省《こうせいしょう》だけで年に300回以上の械闘《かいとう》（村落間・農工ギルド集団間の武力闘争）が起こっている。

一方、騒乱の原因は中央集権的な専制政治にあるとして、アメリカ合衆国をモデルに「聯省自治《れんしょうじち》」を主張する聯省自治派（連邦派）が、華中・華南を中心に台頭し始めた。

当時、北京政府と広州・南京政府は双方が武力統一を目指して「南征」「北伐」を繰り広げていた。これに対して連邦派は1920年代には一大勢力となり、各省の選挙による自治独立、または自治省の連合体の実現を目指すようになった。

思想界の巨頭・梁啓超《りょうけいちょう》、革命派の思想的リーダーだった章炳麟《しょうへいりん》、安徽派の盧永祥《ろえいしょう》、五・四新文化運動（儒教などの旧文化打破を目指した文化運動）のリーダー格だった胡適《こてき》らがこの派に属している。

1922年には、湖南省の住民投票で湖南憲法が制定された。浙江《せっこう》省、四川省、貴州省、福建省、湖北省、江蘇省、広東省でも相次いで自治宣言や省憲法が制定された。その結果、湖南・湖北戦争、雲南・広西軍対広東軍など、自治派と統一派の間で戦争が起こったが、聯省自治派が勝利したのは後の満州国建国の時だけだった。

変わりゆく内戦の主役と戦争の性格

1919年、孫文が中心となって中国国民党を結成。1921年には、毛沢東らによって中国共産党が結成された。これによって国民党に対する日米欧の資金援助を期待できなくなった孫文は、広州軍政府成立後にロシアのレーニンに支援を求め、コミンテルンの指導の下で連ソ容共（ソ連と提携し、共産主義を受け容れる）政策を取った。これが1924年の第一次国共合作である。

孫文はその翌年に死去、党内の後継者争いが激化した。そしてその翌年「中山《ちゅうざん》艦事件」が起こったのだ。軍艦「中山」が黄埔軍官学校の沖合に現れたことを、孫文配下で同校の校長だった蔣介石《しょうかいせき》が「自分をソ連に拉致《らち》しようとする共産党の陰謀だ」と断じた事件だが、真相は今も不明である。

事件後は共産党員が弾圧を受け、武漢・南京両政府が合流すると、今度は共産党のみならず国民党の左派系党員まで弾圧の対象となった。こうして1927年、蔣介石による上海クーデターで国共合作は3年で事実上崩壊した。共産党は農民や労働者を集めて自らの軍隊「紅軍《こうぐん》」を建軍するべく勢力を拡大した。

毛沢東をはじめとする中国共産党員は、広東コミューンなどのソビエト区（解放区）を各地に建設し、1930年には15のソビエト区が完成した。

1927年、共産党員が南昌暴動《なんしょうぼうどう》と呼ばれる事件を起こした。さらに1928年には全国代表大会で、蔣政府の打倒など武力暴動の方針を採択した。紅軍（共産党の軍隊）も6万人まで膨れ上がるが、その実態は浮浪者らルンペンプロレタリアートの集まりで、清算闘争という名の略奪を各地で行い「共匪《きょうひ》」と呼ばれて恐れられた。

孫文

一方、中山艦事件を機に党と軍の実権を握った蔣は、汪兆銘《おうちょうめい》ら党の有力者を次々失脚させ、国民革命軍（国民党軍）の総司令として、北方軍閥を打倒するため北伐に乗り出した。

その後、フランスに亡命していた汪は蔣介石に呼び戻されて北伐に参加したが、やがて共産党員やソ連の工作員と組んで左翼系の武漢政府を樹立した。

その間、蔣は1927年3月に南京、4月に上海を占領して南京政府を打ち立てた。こうして汪兆銘《おうちょうめい》系の武漢政府と蔣介石系の南京政府が対立する「寧漢《ねいかん》分裂（寧＝南京の別称）」状態に至ったのである。

蔣の北伐に対抗するべく、内戦状態だった北方軍閥は一致団結して安国軍を編成。奉天軍の張作霖を総司令として、反撃に移った。

国民革命軍による北伐は、それまでの局地的な政権争奪戦と異なり、中華民国始まって以来の本格的な南北戦争であった。蔣介石は各地の軍閥を破り、6月に北京と天津を占領して中国統一を

蔣介石（右）と並び立つ**汪兆銘**（左）

宣言した。こうして中華民国は一応「統一」されたが、今度は国民党内の内戦が激化したのだ。

１９２９年3月に蒋桂《しょうけい》戦争（李宗仁《りそうじん》・白崇禧《はくすうき》らが率いる新桂系軍閥との戦い）、５月には蒋馮《しょうふう》戦争（馮玉祥率いる西北軍との戦い）に相次いで勝利した蒋は、翌年に中華民国史上最大の決戦に臨んだ。汪兆銘が閻錫山《えんしゃくざん》（陸海軍副総司令、山西軍を率いる）・馮玉祥《ふうぎょくしょう》・李宗仁《りそうじん》・白崇禧《はくすうき》らを糾合した70万人の兵と、蒋介石側の60万人が激突した中原《ちゅうげん》大戦である。

最終的に、どちらが勝つかずっと観望していた張作霖《ちょうさくりん》の子息・張学良《ちょうがくりょう》の奉天軍20万人が蒋側についたことで勝敗が決まった。この戦争によって、蒋側９万５０００人、反蒋側29万５０００人の戦死者が出たとされているが、巻き添えになった民間人の犠牲は数字に入っていない。国際的にも有名な中華民国の文化人である林語堂《りんごどう》によると、国民党内戦の7年間だけで３０００万人以上の死傷者が出たという。

こうして党内の内戦を終結させた蒋は、同年末に第一次掃共戦（共産党包囲討伐戦）を実施、１９３３年までに5回に至る掃共戦を行った。第五次掃共戦では１００万人の大軍が動員され、壊滅状態となった共産党は「長征《ちょうせい》」という名の大移動を行う羽目になる。10万人いたとされる紅軍は、敵の攻撃にさらされながら1万２５００キロの逃避行を続け、

1935年には3万人まで減っていた。

共産党はこれを「敗退」「敗走」ではなく「長征」と呼んでいるが、国民党側は大逃亡を意味する「大流竄《りゅうざん》」と称している。

ここで共産党はほとんど息の根を止められるところまで追いつめられたものの、1936年の西安《せいあん》事件（張学良らによる蔣介石の拉致監禁）で第二次国共合作を誓わされたため、共産党討伐は終息した。

1927年の南昌暴動から、1937年の盧溝橋《ろこうきょう》事件で日中戦争が始まるまでの10年間を国民党と共産党の内乱、すなわち「第一次国共内戦」期と考えることができる（共産党の公式見解では「第二次国内革命戦争時期」）。

なぜ、こんなにも泥沼状態が続いたのだろうか。国共内戦は従来の内戦や対外戦争のような、国家・民族間の「横の戦争」と異なり、上下の階級間における「縦の戦争」といえる。国民党のみならず共産党内でも革命路線をめぐって抗争が絶えず、1973年の党大会では周恩来《しゅうおんらい》も「10回にわたる党内の重大路線闘争」を認めるほどだ。

「日本に学ぶ」から「反日・抗日」へと転換した背景

前章でも見たとおり、清末期の「黄金の10年」と言われる時代の中国は、科学、法律、社会、制度、文化に至るまであらゆることを日本から学んでいた。ルソーの『社会契約論』、ダーウィンの『種の起源』といった西洋の近代思想は日本語訳を経由して輸入され、幸徳秋水《こうとくしゅうすい》や河上肇《はじめ》らによる社会主義や無政府主義も学び取られていったのである。

1905年には千数百年にわたり続いた官僚登用試験・科挙《かきょ》が廃止され、近代教育が導入されたが、その教科書は日本語からの直訳だ。四書五経といった古典文化を守るばかりだった中国では新たな漢字や漢語を生み出す能力が失われており、新しい知識を吸収するには日本語の媒介が必要だったのである。「民族」「階級」「共産主義」のように中国で多用される近代用語も、多くは和製漢語だ。

北清事変以後の10年間、日清に軍事衝突はあっても、文化の交流は盛んだった。清国人は多くの日本の教師や顧問を迎え、熱心に日本に学んでいたのである。

一方、列強の一員となった日本で、中国侵略を目論む有力者がまったくなかったわけではない。しかし当時は、アジアの連携を唱える大アジア主義の方が盛んだった。

辛亥革命後も、日本は中国の国づくりに惜しみなく手を貸している。南京政府の法律顧問を務めた副島義一《そえじまぎいち》、袁世凱の軍事顧問だった坂西利八郎《ばんざいりはちろう》をはじめ、多くの日本人がこの時期の中国で活躍した。抗日の民族英雄とされる宋哲元《そうてつげん》さえ、十数名の日本軍事顧問を手元に置いていた。
「師日」というほど親日だった中国が、なぜ一転「反日」に至ったのだろうか。

　中国では数千年来続いた華夷思想・天下思想が根強く、今でも「中華民族主義、愛国主義、中華振興」を国是に掲げている。アヘン戦争や日清戦争も、発端は清国による「懲罰戦争」だった。このような伝統的な優越意識から抜け出せなかったことが背景にあるだろう。

　反日・抗日感情が最初にクローズアップされたのは、1915年に日本から出された「二十一か条の要求」である。これは袁世凱の皇帝即位によって、共和制から帝制への移行に伴う条約・既存権益の延長や改新を求めるものだった。「日露戦争後の満州権益を日本が継承すること」「関東州の租借期限延長」など、内容として理不尽なものではなかった。

　しかし中国ではなぜか、その内容が改竄《かいざん》され、歪められて広まった。

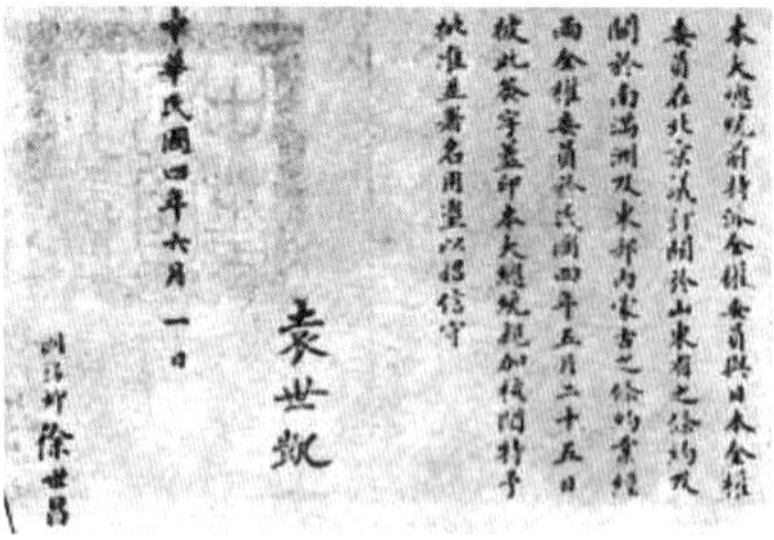

二十一カ条の要求

「中国の学校では日本語を教授しなければならない」

「内乱が発生した時は日本の軍隊に援助を求め、治安を維持しなければならない」

「全国を日本人に開放し、自由営業を認めなければならない」

「陸海軍は日本人教官を招聘《しょうへい》しなければならない」

「南満州の警察権と行政権を日本に譲渡せよ」

これらはすべて反袁勢力が、国民感情を刺激し袁を打倒するために行った改竄だが、今なお日本による中国侵略の代表的理不尽な要求とされている。

また1931年の満州事変（柳条湖《りゅうじょうこ》事件）も、中国では「9・18国辱記念日」と称している。これは奉天近郊の柳条湖付近で日本所有の南満州鉄道の線路が爆破された事件で、日本軍はこれを中国軍の仕業とし、満州への軍事行動を展開するきっかけとなった。戦後、この事件は関東軍の自作自演だったとされてきたが、最近ではこれについて、共産党が犯人だったという説も浮上している。

「先安内・後攘外（まず国内を安定させ、次に外国勢力を追い出す）」を唱える蔣介石によって追いつめられた共産党の紅軍が、生き残り策として打ち出したのが「逼蔣抗日《ビイチヤンカンリー》（蔣に抗日を迫る）」である。日本による「国辱」に対抗するため手を組もうと呼びかけ、こうして抗日の名のもとに第二次国共合作が成立したのだ。

「1937年の日中戦争開戦直前期、日本でも中国懲罰論が出ていたではないか」という指摘もある。この時期、日本で「暴支膺懲《ぼうしようちょう》（暴虐な支那人を懲罰すべし）」の世論が巻き起こっていたのは確かだ。当時の中国は内戦のただなかにあり、各地に政府が乱立していた。しかもどの政府も「全中国公民を代表する正統な政府」を名乗りながら、政治の責任を負う気も力もなかった。「革命外交」という名の条約違反、西原借款《にしはらしゃっかん》（1918年に行われた北京政府への資金援助）の踏み倒しなどの約束無視、プロパガンダとしての反日運動や排日デモが多発しており、日本人が危機感を持つのは当然である。

日本居留民に対する略奪や虐殺も頻発した。1927年の「南京事件」「漢口《かんこう》事件」、1928年の「済南《さいなん》事件」などが有名だ。その有り様も、済南事件の被害報告によれば「腹部の内臓を全部露出せるもの、女の陰部に割木を挿し込みたるもの、顔面上部を切り落としたるもの、右耳を切り落とされ左頰より右後頭部に貫通突傷あり、全身腐乱し居るもの各一、陰茎を切り落としたるもの二」という酸鼻《さんび》をきわめるものである。そのような背景からの「暴支膺懲」はきわめて自然な感情といえる。

およそ日本人の理解を超えているが、中国において「敵の屍肉《しにく》を喰《く》らう」残酷さは、もはや伝統とさえ言える。内戦による無政府状態で、近代的な法体制もなく、市中引き回しや投石による処罰が行われる一方、犯罪者が身代金で無罪になるという状態だ。

略奪や日貨排斥（日本製品のボイコット）が「愛国行為」、条約違反が「革命外交」になる中国は、近代国民国家として成熟していた日本にとって、とうてい許容できる相手ではなかったのだ。

戦争に消極的だった日本を巻き込もうとする中国

日中戦争の直接的な原因となったのが、1937年7月7日の盧溝橋《ろこうきょう》事件である。北京郊外の盧溝橋付近で演習をしていた日本軍に銃弾が撃ち込まれ、中国国民革命軍第二十九軍との衝突に発展した、という事件だ。

現在の中国は日本側の陰謀としているが、日本軍と国民党軍を戦わせるための共産党の謀略という説も有力である。実際、共産党は事件翌日から抗日全面抗戦を掲げている。一方、日本が大本営（戦時中・事変中における天皇直属の最高統帥機関）を設置したのは11月20日、つまり発端から4カ月以上経ってのことであり、日本が開戦に消極的だったのは事実である。

日本は中支那方面軍《なかしなほうめんぐん》を11月に編成して、敗走する中国軍を追い、12月には南京を占領した。

中国側は11月の時点ですでに首都を重慶に移すことを決めており、蔣介石も早々に南京を脱出していた。南京の防衛司令官だった唐生智《とうせいち》も、南京陥落前後に部下を見捨てて脱走している。勢いに乗って南京を落とした日本軍だが、それ以上事態を進める意図はなかった。そのためドイツ政府を通じて再三和平交渉を試みたものの、列国の援助を期待する蔣介石によって拒否された。

そこで1938年1月、当時の近衛文麿《このえふみまろ》首相は「国民政府を対手《あいて》とせず」という声明を発表した。この近衛（政府）声明について、戦後「平和交渉の可能性を退けた稚拙《ちせつ》外交」と批判する声があるが、これは当時の中国が一国多政府状態で、交渉できる相手が存在しなかったことを理解していない。

ソ連の支援を受ける共産党・延安《えんあん》政府は、日本と蔣介石軍のつぶし合いによる「漁夫の利」を狙っていたため、和平できる相手ではなかったのだ。蔣介石による国民党・重慶政府は英米の支援下で代理戦争をしている形だったから、交渉の余地がないわけではない。しかし蔣は、首都南京をあっさり捨てていながら、表面上はあくまで「徹底抗戦」を貫いていた。

一方、冀東《きとう》防共自治政府・察南《さつなん》自治政府・晋北《しんぽく》自治政府・蒙古聯盟《れんめい》自治政府など、国民党系以外の諸勢力は、国民党と手を切って日本との連携を求めていた。国民党もやがて分裂し、日中連携と東亜新秩序再建を目指す汪兆銘派が各自治政府を統合、南京政府を樹立した。

こうして毛沢東の延安政府、蔣介石の重慶政府、汪兆銘の南京政府が並び立ち、日中戦争は三国志さながらの様相を呈していく。

中国史には、このような多勢力並立の前例がすでにあった。三国時代の後に6つの王朝が次々と交代した六朝《りくちょう》時代（222～589）、多くの異民族や諸国家が興亡を繰り広げた五胡十六国《ごこじゅうろっこく》時代（304～439）、唐《とう》末から宋《そう》に至る約半世紀の間に5つの王朝と諸地方勢力が乱立した五代十国《ごだいじっこく》時代（907～960）などである。

五胡十六国の「五胡」は匈奴《きょうど》や鮮卑《せんぴ》などの北方騎馬民族を指している。五代十国時代も契丹《きったん》人の遼《りょう》王朝が勢力を伸ばしていた時代であり、満州がロシアや日本の勢力下にあった中華民国と似ている。

しかし民国時代は、古代のどんな乱世にも増して激しい、史上最大の大乱時代だった。その特徴の第一は、天下を取る人間の変転の激しさにある。

最高権力者は袁世凱、段祺瑞《だんきずい》、呉佩孚《ごはいふ》、張作霖、蔣介石と目まぐるしく入れ替わっており、権力と権威を完全に掌握できたのは、社会主義革命でプロレタリア独裁を確立した毛沢東だけだった。毛が1949年に中華人民共和国を打ち立て、中華民国の動乱に終止符を打ったのである。

しかも、それぞれの権力者が政府をつくり、政党乱立ならぬ政府乱立状態が続いていた。袁世凱の北京政府、孫文の南京政府などが代表的だが、孫文に至っては3度にわたって広州軍政府を樹立している。同じ国民党内でさえ、武漢政府と南京政府、南京政府と北京政府、南京政府と広州政府が対立するといった一党多政府状態だった。

これは共産党も同様で、各地にソビエトを乱立させており、中央でも絶えず清算闘争が行われていた。日中戦争が始まり、各地の政府が統廃合された結果、１９４０年代に入って延安政府、重慶政府、南京政府の三つ巴《どもえ》に集約されたのだ。

しかも、中国には敗残兵が逃げ込める山林が至る所にある。生き残りさえすればいくらでも巻き返せるため、どんなに戦っても闘争は終わらない。「勝てば官軍、負ければ賊軍」で、官と賊の間を振り子のように揺れ動く軍人もたくさんいた。だからこそ、いったんは「長征」で追いつめられた紅軍も、日中戦争終了を機に再起し、国共内戦に勝利することが可能だったのである。

当時の民衆の多くは日本という国の存在すら知らず、日本軍も軍閥の一つとしか考えていなかった。伝統的に中国は国家というより「天下」であり、「中華人民を代表する」とうたう各政府も「国家」としての体をなしていなかったのだ。

当時の中国はこのような「ブラックホール」であり、日本はその理解しがたい暗闇に吸い込まれて、日中戦争の泥沼をさまようことになった。

コミンテルンが仕掛けた日中全面戦争

前章で触れた盧溝橋事件について、もう少し詳しく見ていきたい。

1937年7月7日夜、盧溝橋付近で夜間演習をしていた支那駐屯歩兵第一連隊の戦闘詳報は「8日午前3時25分、龍王廟《りゅうおうびょう》付近において中国軍による3発の銃声を聞いた」という。一方、国民政府・中華人民共和国は「日本軍が失踪《しっそう》兵士1名の捜索のため、宛平《えんぺい》県への進入を要求し、攻撃してきた」と主張している。

実際に仕掛けたのはどちらだったのか。中国陰謀説に基づくなら、共産党で毛沢東の片腕となる劉少奇《りゅうしょうき》、西北軍の馮玉祥、蔣介石の特務機関である藍衣社《らんいしゃ》、第二一九連隊の大隊長だった金振中《きんしんちゅう》などの名が挙がっている。日本陰謀説としても、支那駐屯軍、特務機関、また個人の大陸浪人といった説があるが、真相は今なお分からないままだ。

南京事件や済南事件のような日本人虐殺、満州事変のような実際の武力衝突も起きており、日中はいつ衝突してもおかしくない状態にあった。

事件の約半年前に当たる1936年12月、張学良が蔣介石を監禁して国共内戦停止・一致抗日を要求した西安事件が起こっていた。こうして第二次国共合作が成立、張学良の東北軍と第二十九軍による41万の兵力が5000人の日本軍を包囲していた。徐州方面でも35万の中央政府軍が北上を狙っており、日中の緊張は限界に達しつつあったのだ。

しかし盧溝橋事件のわずか3発の銃声で、どうして日中全面戦争にまで発展したのだろうか。その陰には中国共産党の思惑があった。

蔣介石は「日本と戦争になったら勝ち目はない」と考えていた。ソ連や英米の経済的・軍事的支援がなければ、日本との全面戦争はとうてい不可能である。そのため日本人に学ぶ「新生活運動」を推し進める一方、まず共産党を討伐してから日本と対決する方針だったのだ。

当時、共産党は延安まで追い詰められており、国共合作以外に生き残りの道はなかった。非蔣系《ひしょうけい》の他の軍閥も、蔣が「統一」のために勢力を拡大してくるのを防ぐため、共同抗日を唱えたのだ。

こうして中国共産党は、まだ日中両軍が事態を把握できずにいた7月8日の時点で「日本軍の攻撃が開始された」と全国に打電、陸海空軍の動員と国共合作による日本軍駆逐を呼びかけたのである。

一方、日本は事態不拡大を方針としていた。盧溝橋でも夜が明けてから不審な発砲を受け、7時間経ってからようやく反撃・撃滅している。

外務省と陸軍部は「事態不拡大」「現地解決」を即決したが、陸軍内部では「拡大派」と「不拡大派」が対立しつつあった。「拡大派」といっても、全面戦争を目論んでいたわけではない。このままでは中国の反日・侮日《ぶにち》の気運がますます調子づき、日本国内の「暴支膺懲《ぼうしようちょう》」を求める世論も高まるだろう。中国の暴走を食い止めるためには一撃を加えるしかない、というのがその主張だ。

この頃日本がもっとも警戒していたのはソ連だった。いわゆる「赤禍防遇《ぼうぐう》」が国策だった。日本が大陸に出兵し戦闘が長期化すれば、ソ連をはじめとする列強に漁夫の利を与えることになる。また想定される日ソ戦で、中国がソ連に加担する可能性も無視できない。まずは満州経営に専念して対ソ戦に備えるべき、という見地から、日本は最終的に不拡大路線を選択した。

盧溝橋事件直後、北京近くの長辛店付近で中国軍が爆破した線路を護衛しながら応戦する日本兵

しかしコミンテルンは中国共産党に「局地的解決ではなく、日中全面戦争に導け」と指示していた。全面対決が長期化すれば、日本はソ連に刃向かえない。日本軍と中国軍（国民党軍）の両軍を消耗させてその隙に共産党政権を樹立し、中国が勝利したら日本革命を達成する、という戦略だ。

7月9日、現地で日中停戦協定が結ばれた後も、中国の攻撃は止まらなかった。そして8月12日、蔣介石は陸海空3軍の総司令に就任、全面戦争の態勢を整えた。日本軍の第十軍は11月5日になって杭州湾に上陸したものの、戦火の拡大を止めることができなかった。こうして日本も20日に大本営を設置、全面戦争に挑むこととなる。このような動員の経過から見ても日本は当初から全面戦争を目論んでいたのではなかった。

翌1938年3月から4月にかけて「台児荘の戦い」が行われ、中国側はここで「日本軍を壊滅させた」「台児荘会戦大捷《たいしょう》（勝）」を大々的に宣言した。実際には壊滅というほどではなく、局地的な勝利が誇大宣伝されていたのだが、日本軍が苦戦を強いられたのは確かだ。

4月〜6月に行われた「徐州会戦」では100万と言われる中国軍と、20万の日本軍が動員された。今度は日本が勝利を収めたものの、5分の1の兵力では敵の逃亡を捕捉しきれず、決定的打撃を与えるには至らなかった。

日本軍は国民党軍の逃走を追撃する形で、5月に蘭州《らんしゅう》、6月には開封《かいほう》を攻略した。国民党は日本軍の進撃を食い止めるため黄河の堤防を爆破して多くの犠牲を出し、「日本軍の仕業」と発表した。しかし結局、日本軍は10月になって武昌・漢口・漢陽の武漢三鎮《ぶかんさんちん》（「鎮」＝都市）を陥落させ、日中戦争に一区切りをつけたのである。

開戦1年後は実質的に南京・重慶・延安3政府の内戦だった

１９３７年7月の盧溝橋事件から翌１９３８年10月の武漢三鎮陥落までの16カ月で、中国軍の遺棄死体は82万３２９６体、その他の戦死・戦傷者を加えて約２００万人の損害があったと考えられる。日本軍はほぼ同時期、43万７１３２人の戦死者が出たという統計がある。

この間に日本軍が占領したのは、中国の伝統的領土面積のほぼ半分、住民数も全人口の40〜50％に当たる。しかも主要都市のほとんどを支配下に置いており、近代的工場の労働者の90％、生産額の94％を掌握していた。

一方、中国側は北京・天津・南京・上海・杭州・漢口の6都市を失い、港湾も大部分を押さえられていた。重慶政府の支配下にある工業生産額は6％、しかも臨時首都におよそ

1000万の難民が流れ込んでいる有り様だ。

それでも蒋介石政権が存命できたのは、伝統的に自給自足の農村社会だったこと、そして米英ソによる陸上支援ルート（インドシナ・ビルマ・華南・外蒙古の援蒋《えんしょう》ルート）があったからだ。

武漢三鎮を陥落させた日本の大本営は、それまでの方針だった「攻略的進攻」から「新支那建設」へと転換し、日満支3国の提携に力点を置くようになる。

1938年には第二次近衛声明によって「東亜新秩序の建設」「日本の戦争目的は東亜の永久の平和にある」との内容が示された。12月には「善隣友好、共同防共、経済提携」をうたう近衛三原則が提示された。それでも中国の戦乱は収まる気配を見せなかった。

国共合作後、共産党の毛沢東は表向き「抗日が最優先」「蒋委員長の徹底抗日を擁護する」と表明していたが、その実「日中戦争はわが党にとって最高の機会である。わが党が決めた政策は七分が自己発展、二分が国民政府との妥協、一分が抗日だ」と党員

毛沢東

に指示していた。

　また「状況不利なれば戦わず」「地形不利ならば戦わず」「必ず十二分の勝算がなければ戦わず」の「不戦の三原則」を貫いた。「共産党の八路軍《はちろ》（紅軍組織の一つ）は周遊するだけで攻撃しない。延安に負傷者が1人もいないことがその証拠である」とは、当時の国民党政治部長の指摘だ。1937年の盧溝橋事件から1945年の終戦までの「八年抗戦（日中戦争）」の間、日本軍との会戦22回、戦闘1117回、小戦闘3万8931回、戦死・行方不明の官兵139万9517人、という国民党側の記録がある。そのうち共産党が関わったのは、1937年の「平型関《へいけいかん》の戦い」、1940年の「百団大戦《ひゃくだんたいせん》」くらいと考えられている。

　共産党はこうして自分の兵力を温存し、国民党の消耗を狙っていたのだ。延安時代に3万、全国合わせても6万だった共産党軍は、日中戦争を通じて100万人にまで成長し、戦後は国共内戦の武装勢力となった。

　1938年12月から翌年10月までの1年弱の間、国共間の「摩擦」が150回、うち28回は軍事攻撃という状態だった。また国民党側によると、1940年までの1年の間に共産党から395回の襲撃があったという。蔣軍が共産軍に背後から襲われ全滅することもたびたびだった。

もちろん国民党側も無抵抗だったわけでなく、1941年の皖南《かんなん》事変のように、国民党軍が紅軍組織の新四《しんし》軍・八路軍を壊滅状態に追い込むこともあった。1943年には60万の国民党軍が延安政府を襲撃する事件も起きている。

さらに1940年代には、国民党から汪兆銘が分裂して南京政府を樹立。こうして延安政府（ソ連）、重慶政府（英米）、南京政府（日本）が並び立ち、列強の代理戦争が本格化していった。延安政府と重慶政府が日本への抵抗運動を続行する一方、南京政府や各地方政府は日本の支援によって平和建設に従事していた。

日本軍の快進撃を受け、汪政権のもとには、各地の蔣介石軍が争って帰順した。その数は将領67人、将兵80万人に上る（葉剣英《ようけんえい》『中共抗戦一般状況紹介』より）。南京軍の9割は共産党軍と拮抗《きっこう》し、1割が重慶の国民党軍を牽制《けんせい》していたといえる。

また1944年8月から翌年5月までの1年間で、共産党に殺された南京軍の数は10万人以上、捕虜は13万2000人という数字が出ている。1945年8月の終戦後も抗争は続き、8、9月に共産党の手で20万人以上の南京軍が消滅、8月から10月の間に累計100万人以上が撃滅・あるいは捕虜にされたという報告もある。

非蔣系の武装勢力もこぞって自治政府を作《つく》り、日本軍と蔣軍の戦いを利用する有り様だった。蔣介石の最大のライバルだった閻錫山《えんしゃくざん》は、事務所に日本の天皇、蔣介石、毛沢東の写真を用意し、相手に応じて使い分けていたという。蔣が抗日を口実に勢力を拡大するのを恐れた閻は、こうして3勢力と巧みに手を結びながら中立を維持していたのだ。

8年にわたる日中戦争は、実質的には武漢三鎮陥落までの1年でほぼ終わっていた。残りの7年は延安・重慶・南京の3政府による抗争だったといって過言ではない。

中国が捏造し続ける「日本軍暴虐」の数々

今日「正しい歴史認識」としてしばしば問題にされるのが、戦争中の日本軍による残虐行為だ。韓国の「従軍慰安婦」「強制連行」と並んで有名なのが、中国の「南京大虐殺」「三光作戦」「万人坑」「七三一部隊」だろう。しかし、これらにはどれほど信憑性《しんぴょうせい》があるか。今なお政治外交・領土問題に必ずついて回るこれらの説話は、ほとんどが中韓の創作・捏造《ねつぞう》だ、というのが私の考えだ。一つ一つ検証してみたい。

まず「三光作戦」についてだが、三光とは「搶光（奪いつくす）」「焼光（焼きつくす）」「殺光（殺しつくす）」という意味で、これが日本軍の「政策」だったとされている。しかし日本軍が日本兵に指示したのなら、当然日本語のはずだ。日本語の「光《ひかり》」とは異なり、中国語の「光《グワン》」には「空にする」という意味があるが、日本人にはなじみが薄いだろう。

にもかかわらず、なぜ中国語の表現をわざわざ用いているのか。

「のちに支那派遣軍総司令官となる岡村寧次《おかむらやすじ》が、ドイツ人の軍事顧問が指導する国民党軍の討伐作戦を観戦し、『三光作戦』を学んだ」という説が一般に広まっている。しかし岡村は1941年11月に「焼くな、犯すな、殺すな」と司令部高官に訓示し、翌年4月にも同様の訓示を繰り返している。つまり岡村は「反三光」の立場だったのだ。

「三光」はもともと敵の残虐性や恐ろしさを強調する中国語で、プロパガンダなどで常用されていた。

戦後に中華民国政府が発行した『中共述語語彙《ごい》集』には、共産党軍が地主に「清算闘争」を行う際のスローガンとして「分光《フエングワン》（分けつくす）」「吃光《チーグワン》（食べつくす）」「用光《ヨングワン》（使いつくす）」の語が実際に載っており、私も学生時代に教わった覚えがある。また中華人民共和国による『中国人民述語辞典』によれば、国民党が人民を殺害する際に用いたスローガンとして「搶光」「焼光」「殺光」が出てくる。

それればかりか、現在でも「台湾の友好国をゼロにする」「国際政治の場から台湾を抹殺する」「中国との対等な対話のカードをすべて取り上げる」という外交・経済の「三光作戦」を取り、台湾に圧力をかけてきている。

「三光作戦」とは日中戦争中に国民党軍・共産党軍両軍が用いていたスローガンであり、

それがいつの間にか日本の話にすり替わったと考えられる。

　次に細菌兵器開発のため、非道な人体実験を行ったとされる「七三一部隊」だが、その歴史は、日露戦争直後に設立された野戦防疫《ぼうえき》部にさかのぼる。伝染病の防御と統制のため陸軍が設立し、後に防疫給水部に再編されて、関東軍や北支軍、中支軍、南方軍などに置かれた。この中の一つで、ハルビンにあった関東軍防疫給水部を指揮していたのが石井四郎《いしいしろう》軍医中将の率いる七三一部隊で、部隊長の名をとって石井部隊とも呼ばれる。

　中国でもっとも日本軍を苦しめたのは、中国軍ではなく疫病と不衛生である。近年でもＳＡＲＳ（重症急性呼吸器症候群）や鳥インフルエンザの発生源としてたびたび報道される中国だが、この当時はペスト、マラリア、赤痢、コレラ、腸チフス、梅毒といった感染症の温床だった。

　１９３７年７月から１９４０年11月までの40カ月の間、華北の日本軍では赤痢や腸チフス、パラチフス、発疹チフスの感染が急増していた（日本軍の疫病発生統計による）。しかも自然の感染

岡村寧次
陸軍大将

石井四郎
軍医中将

ではなく、細菌テロの可能性がすでに指摘されていたのだ。
中国では歴代皇帝や臣下の毒殺事件が何度も起きている。日中戦争でも炭疽《たんそ》菌や赤痢菌、また砒素《ひそ》、昇汞《しょうこう》、昇汞青酸、亜《あ》砒酸《ひさん》、アトロピン、硝酸ストリキニーネといったＢＣ（生物・化学）兵器が用いられてきた。

このような戦地において防疫が重要なのは当然であって、防御用であっても攻撃用ではあり得ない。対抗処置としてのＢＣ兵器開発は考えられていたものの、公式指令がないことや資材不足から、開発製造には至らなかった。森村誠一の著書『悪魔の飽食』で有名になった人体実験も、確かな証拠は今に至るまで出ていない。

また「南京大虐殺」は１９３７年12月、日本軍が南京を占領した際に住民の大量虐殺を行ったというものだ。一時期は「犠牲者１００万人」という説まで出たが、その後、中国共産党の決定として30万人という数字が出された。しかし、当時の人口が20万人だった南京では荒唐《こうとう》無稽《むけい》というしかない。

虐殺の証拠とされる資料や写真も、細工や捏造《ねつぞう》がなされているものばかり。民間人になりすました中国兵による乱暴が実際にあり、彼らを日本軍が掃討したことが民間人虐殺と誤解されたことも考えられる。当時の証言や報道は錯綜《さくそう》しており、今でも論争の分かれる事件だが、中国の言うような大量虐殺などあり得ない。

もっとも、太平天国滅亡時の天京（南京）大虐殺、辛亥革命後に張勲《ちょうくん》が起こした南京虐殺事件、蔣介石軍が日本居留民を殺害した南京事件など、「南京大虐殺」はたびたび起きていた。虐殺被害者の遺体を埋めた「万人坑」も有名だが、虐殺の歴史の長い中国では、一度に多量の人骨が見つかるのはよくあることだ。これらがすべて、日中戦争時の日本軍の仕業とされてしまっているのである。

暴露された「日本軍の仕業」の真相

日本の侵略戦争を裏付ける証拠として、今でもよく取り沙汰されるのが「田中上奏文《たなかじょうそうぶん》（田中メモリアル・田中メモランダム、中国では田中奏摺《そうしょう》とも呼ばれる）」だ。

これは1927年、当時の田中義一《ぎいち》首相が昭和天皇に差し出した上奏文（皇帝・天皇に意見や事情を申し上げる文書）の形を取っている。

中でも有名なのが「支那を征服せんと欲すれば、まず満蒙を征せざるべからず。世界を征服せんと欲せば、必ずまず支那を征服せざるべからず……これ乃《すなわ》ち明治大帝の遺策にして」というくだりで、ここから「日本の中国征服・世界征服の計画書だ」とされてきた。

この文書の存在が明らかになったのは1929年9月で、時の首相は浜口雄幸《はまぐちおさち》である。

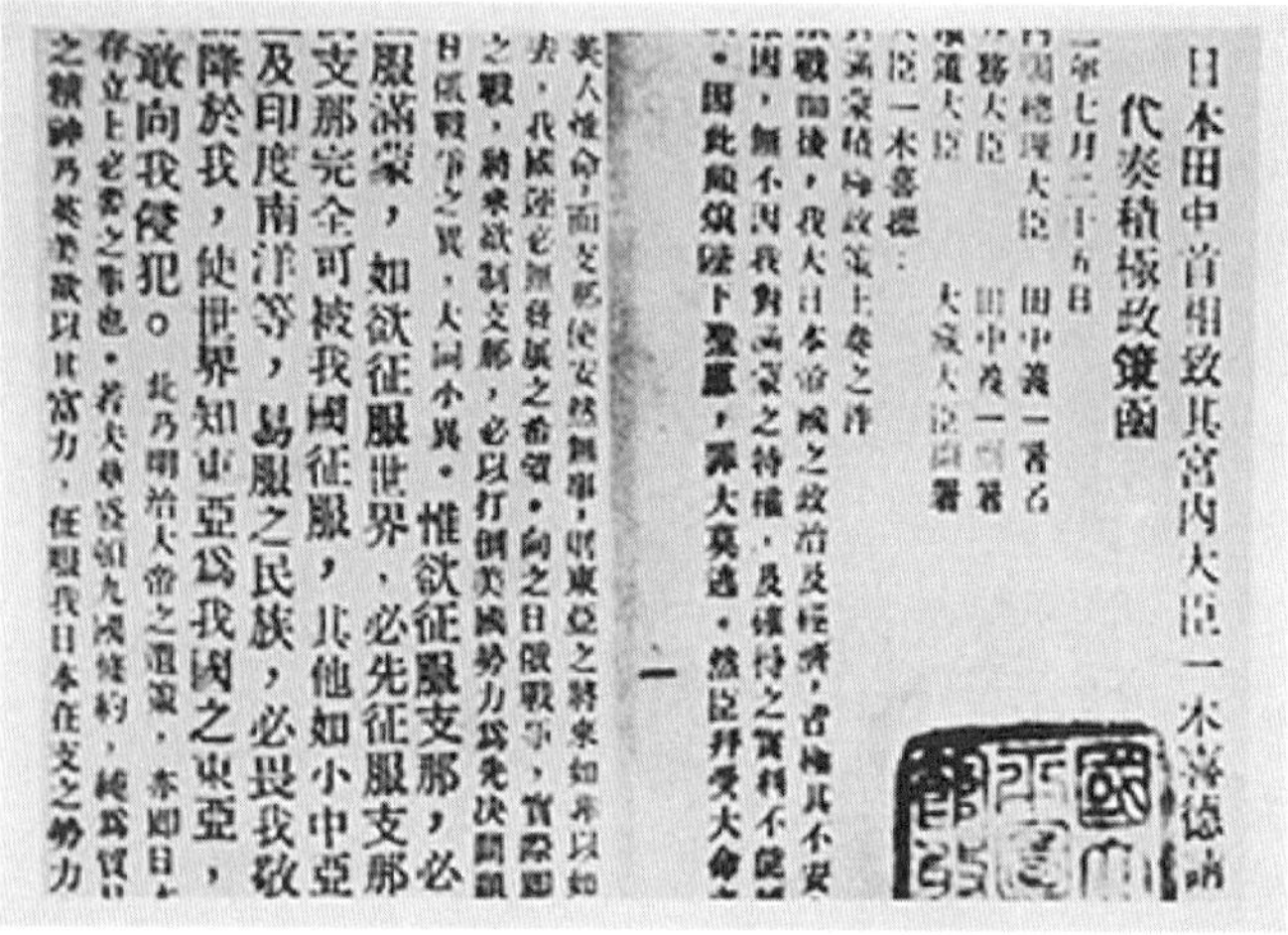
日本田中首相致其宮内大臣一木喜徳
代奏積極政策函
惟欲征服支那，必
服滿蒙，如欲征服世界，必先征服支那
支那完全可被我國征服，其他如小中亞
及印度南洋等，異服之民族，必畏我敬
降於我，使世界知東亞為我國之東亞，
敢向我侵犯。

中国が捏造した田中上奏文の漢訳版

同年10月に京都で開催される第3回太平洋問題調査会会議で、中国がこれを公表して日本を告発しようとしている、という情報が、北京の堀内代理公使から寄せられたのだ。しかし中国側も真偽の確認には至らず、会議の場で一部の出席者に非公式で配布されるにとどまった。

しかし12月、南京の『時事月報』に漢訳が掲載され、英文パンフレットも世界に配布された。これに対し、日本外務省は翌1930年2月に偽物と断定、中国政府に抗議した。戦後の東京裁判でも、中国侵略の「共同謀議」の証拠として提出されたものの、検察側はこれを受け付けなかった。上奏文が捏造されたものであることは、当時からすでに明らかだったのだ。

上奏文は中国語で4万字という長文で、漢文訳だけでも十数種類、英露独語にも翻訳されている。しかし日本語の原文は見つかっておらず、これだけでもおかしな話だ。しかも内容はもちろん文体も不自然で、首相が天皇に差し上げた文章とはとても考えられない。

つまり非常にお粗末な偽書であり反日プロパガンダだったのだが、国際社会の対日感情を悪化させ、日本を孤立に追いやる一因ともなった。今でも8月15日前後になるとこれを持ち出し「天皇による中国侵略と世界征服の陰謀の証拠だ」と主張する中国の知識人は後を絶たない。

戦争とくればすぐ陰謀、日本軍とくればすぐ天皇に発想が飛ぶのは、陰謀史観の好きな中国人ならではといえるかもしれない。

中国の嘘はこればかりではない。南京大虐殺のようによくできたプロパガンダがある一方、田中上奏文なみに出来が悪く、すぐ見抜かれたものもある。

その一つ「黄河決壊《こうがけっかい》」とは、1938年6月7日に河南省中牟《ちゅうぼう》付近の黄河堤防が爆破された事件だ。河南、安徽、江蘇3省の平原が水没し、水死者100万人、被害者600万人といわれる犠牲が出た。4日後に再び決壊が起こり、国民党の通信社などは「日本の空爆による」と報道した。各国メディアも日本を非難したが、早くも同月17日には、フランス社会党の機関紙が「国民党による自作自演の愚挙《ぐきょ》」と報じている。

事件の真相について、当初は国民党内でさえ見解が一致していなかった。戦後に蔣介石の校閲を受けて出された『八年抗戦之経過』では「日本軍の空爆による」とされているが、国民党党史会による『中華民国史画』は「大雨による堤防の自壊」と記している。

しかし当時の工兵参謀が名乗り出たことで、ついに真相が暴かれた。徐州《じょしゅう》会戦後の日本軍の西進を阻止するべく、蔣介石の命令で堤防を爆破したのだ。

実際『第二次中日戦争史』『蔣介石秘録』といった国民党関係の書物には「黄河決壊は日本軍の進撃を阻止した」と書いてあるが、これも事実ではない。日本軍の人的被害は皆無で、西進を食い止めることはできなかったのだ。結局、失敗した作戦の巻き添えで100万人の命が失われた、ということでしかない。蔣の次男である蔣緯国《いこく》は黄河決壊の犠牲者について「すすんで国に命を捧げた愛国者」とうそぶいているが、何とも呆《あき》れた言い草である。

しかも犠牲はこれだけではない。黄河や長江などの決壊作戦は、

蔣介石による「黄河決壊」で
救助作業にあたる日本兵

日中戦争だけでも、失敗を含めて12回行われていたことが『抗戦江河堀口秘史』で明らかになっている。

中国軍が自国民の生命と財産を無差別に踏みにじった例としては、他に「長沙焚城《ちょうさふんじょう》」がある。蔣介石が「長沙が陥落したら全城を焼き払え」と命じていたことに基づき、1938年1月12日に湖南省の長沙城が放火された事件だ。この時日本軍はまだ数百キロ先にいたにもかかわらず、命令は実行に移され、死者数20万人、紀元前までさかのぼる長沙の貴重な文物もほとんど失われた。

後に蔣介石は責任転嫁のため、長沙警備司令官、警備団長、警察局長を銃殺している。日本軍に一物も与えないための焦土作戦だったとされているが、中国共産党の大物で当時長沙にいた周恩来《しゅうおんらい》（後に首相）の暗殺が真の目的だった、という説もある。

日中戦争が果たした歴史的貢献

中国で有史以来数多く起こってきた内紛の根底にあるのは、南北対立だ。それは南の長江文明と北の黄河文明の対立ともいえる。

中国を最初に統一したとされる秦《しん》の末期の楚漢戦争《そかんせんそう》（項羽《こうう》と劉邦《りゅうほう》の戦いで有名）、漢初期の呉楚七国《ごそしちこく》の乱《らん》（呉や楚など諸国による反乱）も、その根底には南北対立があった。だからこそ、漢初期には中央集権と封建制度（君主が諸王に領地支配を認める制度）を両立させる一国両制度を取らざるを得なかったのである。

こうした南人と北人の戦いは、中華民国内戦、日中戦争の時代も続いていた。現在、北の上海《シャンハイ》と南の広東《カントン》が対立しているのも、2000年以上昔の呉越《ごえつ》の争いの延長戦であり、根は同じなのだ。

日中戦争は結果的に民国の内戦を終結させ、こうした対立の歴史に終止符を打つ役割を果たしたのである。これは終戦によって国共内戦が再発し、文化大革命まで騒乱が続いた事実からも明らかだ。

「日中戦争は日本による中国侵略だった」こう信じる日本人は少なくないが、これ自体がすでに中国流の歴史観に染まった考え方と言える。

中国は黄河の中下流域＝中原・中土を中心に異民族を制圧して領土を広げ、そのすべてが「固有の領土」とされている。その進出は「侵略」ではなく「討」「伐」「征」とされ、それを指揮した漢の武帝《ぶてい》や唐の太宗《たいそう》のような君主は「侵略者」ではなく「開疆闢土《かいきょうへきど》（領土拡大）」の英雄として讃えられるのが通例だ。

それでも日本人が「侵略」を事実として受け止めてしまうのは、「南京大虐殺」「三光作戦」のような史観を一方的に押し付けられているからである。

「日本と中国の全面戦争」といっても、実際の戦闘は局地的なものばかりだった。また日中戦争を「8年抗戦（盧溝橋事件から終戦まで）」「15年戦争（満州事変から終戦まで）」、はては日清戦争以前までさかのぼって「70年」「80年」「100年戦争」と唱える学者もいるが、これも誇大解釈である。実質的な日中戦争は、1937年の盧溝橋事件から翌年の武漢陥落までの1年余りとみてよいだろう。

死傷者数についても、中国の発表する数字には10倍以上の揺れがありはっきりしないが、それでも民国内の内戦、また中華人民共和国成立後に起きた清算闘争（地主階級の粛清）、大躍進（1958〜1960年に行われた農業・工業大増産計画。失敗に終わり、全国で数千万人の餓死者が出た）、文化大革命（1966年から約10年間続いた社会運動・権力闘争。数百万〜1000万人以上が弾圧・虐殺の犠牲となる）に比べれば、はるかに少なかったことは間違いない。

「大日本帝国の名のもとに、中国における権益を守るため出兵した」という言葉の表面だけ見れば、帝国主義、侵略ということもできるだろう。しかし当時は列強と植民地の時代であり、欧米はみな他国における自国の権利を守ろうとしていた。当時の価値観や世界情勢、国際力学を無視して、現代の価値観や人道観のみで「侵略」と決めつけるのは、あまりにも乱暴である。

日中戦争で、日本はさまざまなインフラを整備している。鉄道に限っても、華北を「占領」した1939年には、3億円の資本金によって華北交通株式会社を設立している（中華民国維新政府も華中鉄道会社を設立）。営業線は5780キロ、終戦までには1000キロの新線が増設された。

日本は水運や港湾施設にも巨額の資金を投じ、自動車輸送網、電気・電信網も華北全域にめぐらせている。

もちろんシベリア鉄道にみるように、運輸や電気・電信は軍事上重要な意味を持っており、整備を行うのは当然だ。しかし戦争が終われば、これらは経済的にも大きな価値を発揮する。こうして日本の手により、近代産業建設が急速に推し進められていったのである。

もう一つ、日本軍がもたらした恩恵として、医療・衛生改革を外すことはできない。

伝統的に家畜と一つ屋根で暮らすことの多い中国は、不衛生と病気の温床となりやすい条件を備えている。北京や上海のような都会でさえ、裏路地には糞尿《ふんにょう》の川が流れ、行き倒れの死体まで放置されていた。元や明の滅亡も、疫病の流行がその一因である。

しかし日中戦争で日本軍が訪れた地で、疫病は急速に消えていったのだ。その中核を担ったのが日本の軍医たち、そして同仁会《どうじんかい》である。1902年、北里柴三郎らにより設立された同仁会は、1938年度だけでも施療《せりよう》防疫班《ぼうえきはん》を北京や天津はじめ全12カ所に設置するなど、防疫事業に取り組んできた。

辛亥革命後に日本で医学を学んだ中国人留学生たちも、日本の医事制度にならった医学校を各地に設立している。日中戦争が始まった時点で、北京大学医学院、中山大学医学院、河北、江西、南通、東南などの医学院が設立されていたが、これらはみな日本留学生の手によるものだった。

日中戦争で日本は「奪った」のではなく「与えた」

日中戦争が中国にもたらした貢献について、さらに詳しく見ていこう。

中国を形容する言葉として、昔から「地大物博《ちだいぶつぱく》（土地は広大で物資が多くて豊か）」という慣用句があるが、これは事実ではない。少なくとも日中戦争当時の中国社会は、毛沢東の言う「一窮二白（一に貧窮《ひんきゆう》、二に文化的に白紙）」だった。

20世紀に入っても、中国は農業人口約90％という伝統的な農業国家であり続けていた。その内訳は自作農45％、半自作農23％、小作農32％で、さらに55％の農民が収穫物の5割～8割という高率の地代に苦しめられていた。

農業人口は過剰なものの、生産技術が低いため農耕面積の拡大は望めず、主食食糧の生産高も低いため、食糧不足が慢性化している状態だ。

また中国の特色ともいえる水旱《すいかん》も頻発する。1927〜1934年の間だけで、全人口の4分の3が自然災害の被害に遭い、1930年からの西北大飢饉《せいほくだいききん》の餓死者だけでも1000万人という有り様だった。そこに追い打ちをかけたのが、激化する国民党内戦である。こうした天災や兵乱が、カルト教団の出現や流民の発生、さらに匪賊発生の温床となるのは言うまでもない。歴代王朝の末期に繰り返されたのと同じ混乱が、再び巻き起こっていたのだ。

そして、この状態に終止符を打ったのが日本軍である。日本軍は華北占領後、増産計画を立てて治安維持・農業技術の近代化に努めた。その結果、1940年には早くも戦前レベルまで回復させることに成功している。日本の「淪陥区《りんかん》（敵に占領された地域）」では農業技術や農村組織、多角経営、植林などの治山治水が行われ、食糧の自給のための整備が着々と進められていた。

多くの日系事業の経営者や技術者は、中国の資源を利用しつつ「事業経営の近代化によって中国を先進的な近代産業国家に押し上げよう」という夢やプライドを抱いていた。大規模経営や機械化、厳正な経理会計などを中国人に惜しみなく教えたのも彼らである。このような近代施設を破壊・略奪するのは日本軍ではなく、国民党・共産党のゲリラ、そして匪賊だった。

中国には都市社会、農村社会、そして第三の社会として「江湖《こうこ》社会」がある。これは『水滸伝《すいこでん》』の梁山泊《りょうざんぱく》（豪傑《ごうけつ》や野心家の集まる場所）に代表される、一種のアウトローを指す言葉だ。

唐を実質的に滅亡させた黄巣《こうそう》や、明を滅ぼした李自成《りじせい》のように、天下を狙うほどの力を持った者もいた。こうした乱賊は今日「農民革命」の英雄としてもてはやされているが、中国の「易姓革命」とは本来、暴力による国盗《くにと》りを正当化する思想だ。

18世紀の白蓮教の乱以後、宗教的信念で連帯した教匪《きょうひ》、また宗教を持たない秘密結社の会匪《かいひ》が社会の第三勢力として活躍していた。中華民国の時代に入っても、7万人の兵を率いて暗躍した白狼匪《はくろうひ》のような大物がいる。国民革命の志士や社会主義革命の紅軍兵士も、基本的にはこのような階級に属するといってよいだろう。

しかし「兵」と「匪（賊や暴徒）」の境界はあいまいで、軍閥のボスとなった張作霖ももとは馬賊《ばぞく》出身だった。「兵」と「匪」の間を行き来する者も少なくなく、正規軍の10倍にのぼる匪賊が横行していた。「賊のいない山はなく、匪のいない湖はない」状態では治安はいつまで経っても安定せず、従って経済も近代社会も発展しない。

「匪賊共和国」や「中華匪国」と言われるほどだった中国に激変をもたらしたのが日中戦争である。日本軍に占領された「敵区」「淪陥区」では自治政府が樹立され、匪賊も姿を消した。社会が安定して経済も発展するようになれば、匪賊の暗躍する余地もなくなるのは自然ななりゆきだ。

1940年代に3政府が鼎立《ていりつ》したが、南京の「敵区」と重慶、延安、そして蔣介石政府・毛沢東政府の統治する地域の格差は歴然としてきた。一例をあげると、南京政府の「敵区」では米1石は110〜130元前後。しかし南京政府が崩壊して蔣介石の支配が始まると、たちまちインフレが起こり、8カ月後の米価は5万元、つまり500倍まで高騰したのだ。こうした中で再燃したのが国共内戦である。

戦後も農村問題、格差問題は中国に大きな影を落としている。毛沢東は三面紅旗（総路線、人民公社、大躍進の3方針）を打ち立てたが克服できず、改革開放後の今も、農民・農村・農業の「三農問題」が経済成長の足を引っ張っている。

蔣介石は「汚穢《おわい》（けがれていること）」「浪漫（規律がないこと）」「懶惰《らんだ》（なまけ怠《おこた》ること）」「頽唐《たいとう》（不良嗜好、腐敗臭気）」を中国人の民族的弱点として挙げ、日本人と戦争するにはまず「日本精神」に学ぶべき、と主張した。それが「新生活運動」であり、私も中学まで学んだ覚えがある。

日本は中国から「奪った」のではなく、インフラや技術を「与えた」のである。物質・知識面ばかりでなく、精神面でも日本に学ぼうという動きがあったことも、今の日本人は知っておくべきではないだろうか。

第五章

世界的な植民地解放につながった大東亜戦争

白人の不敗神話を打破した大東亜戦争

先の戦争は、日本では「大東亜戦争」と呼ばれていた。イギリスは「極東戦争」、アメリカは「太平洋戦争」と称しており、戦後の日本はGHQの指導で「太平洋戦争」の呼称が広められた。「大東亜戦争」の名は政界や学界、メディアもタブーにしているが、この戦争の目的は東亜の解放と日本の自存自衛、大東亜秩序建設だったのであり、「太平洋戦争」の名をそのまま使用するのは正しくない。

「大東亜戦争は、満州事変から続く日中8年戦争の延長だった」という解釈もある。しかしこれも正確ではない。満州事変後の満州は近代産業社会へと急成長しており、内外の環境も安定していた。前章で述べたように、1940年代、日中戦争は南京《ナンキン》・重慶《じゅうけい》・延安《えんあん》の3政府によるシーソーゲーム状態に突入しており、東亜から南洋・インド洋・太平洋の欧米植民地まで拡大した太平洋戦争とは次元が全く違う。

「帝国主義国間の戦争」「日本軍国主義の侵略戦争」という学者もいるが、やはり間違った見解である。日本の敵は欧米ではなく、植民地帝国主義そのものだったからだ。

15世紀中葉頃に大航海時代が始まり、新航路・新天地がポルトガルやスペインの手で次々開拓されていった。スペインの支配下から独立したオランダ、そしてイギリスやフランスもこれに続く。

新航路の発見によって海のネットワークが形成され、中国の絹織物や陶磁器や茶、日本の銀、マレー半島の錫《すず》や宝石、東アフリカの金や象牙《ぞうげ》、東インド諸島やブラジルの砂糖といった特産品が流通するようになった。また新大陸や日本がもたらす金銀は、経済を根底から変えた。かつて陸をつないだシルクロードをはるかに上回る規模で通商圏が拡大し、物流や人の流れも盛んになった。

やがて西欧で産業革命や市民革命が起こり、国民国家が誕生するようになる。それに伴って海外での植民地争奪戦が激化し、19世紀の列強時代へと発展していくことになった。

一方、中華世界は帝国の興亡によって拡大と縮小を繰り返していた。領土が最大となった清《しん》の時代には万里の長城を越えて漠北、中亜の西域、チベット、雲貴《うんき》高原、海のアジアまでに至る「大東亜世界」を構築していった。

繰り返しになるが、中華の歴史は華夷《かい》対立の歴史でもあった。中華の敵は多くが北方の遊牧民族を代表とする陸の異民族であり、南や海からの敵は「北虜南倭《ほくりょなんわ》（北の胡虜《こりょ》＝タタール人と、南の倭寇《わこう》＝海賊）」に脅かされた明《みん》代くらいだった。こうして異民族（夷狄《いてき》）が中華世界に君臨する、易姓《えきせい》革命ならぬ易族《えきぞく》革命が繰り返される一方、周辺諸国を属国として従わせる天朝朝貢秩序が保たれてきたのである。

清もそうした異民族による征服王朝の一つだったが、最盛期を過ぎて衰退しつつあった時代に、老いた大帝国の前に突如現れたのが欧米列強である。アヘン戦争や清仏戦争、そして列強の一端に連なった日本との日清戦争と続けて敗北し、天朝朝貢秩序も崩壊した。清が滅亡した後、今度は複数の政府が「我こそは清帝国の正当な遺産相続者」と名乗り出、北洋軍閥《ほくようぐんばつ》内乱、国民党内戦、国共内戦が絶え間なく続く混迷の時代が訪れた。

一方、日本人の世界観はもともと本朝（日本）、唐《から》（中国）、天竺《てんじく》（インド）といった程度だったが、南蛮文化の渡来によって次第に目を開かされていった。そして明治維新によっていち早く文明開化を成功させ、近代国民国家へと急速に脱皮していったのだ。

日本の敵はもはや中国ではなく、アジア諸国を着々と植民地化していた欧米列強だったのである。日中戦争も、本質的には秩序再建のため日本が中国の内戦に介入したものだった。「支那《しな》の覚醒《かくせい》」が期待できない以上、英米中心の植民地体制を撥《は》ね除け、東亜に新秩序をもたらすのは日本以外には不可能だったのである。

そして大東亜戦争はその役割を果たした。太平洋でアメリカと海戦を繰り広げつつ、わずか3カ月で全南洋を占領し、欧米勢を締め出すことに成功。西洋絶対優位、白人不敗の神話は日露戦争ですでに揺らいでいたが、ここにきてそれは決定的になった。

ビルマやインドネシア、フィリピンは、大東亜戦争によって独立を勝ち得たのである。コミンテルン影響下にある社会主義運動も展開されていたものの、ここまでの起爆剤にはならなかった。

大東亜戦争の意義について、欧米の知識人はこう解釈している。

「アジアとアフリカを支配してきた西洋人が、過去２００年の間信じられてきたような不敗の神でないことを、西洋人以外の人種に明らかにした」（イギリスの文明論者アーノルド・トインビー）

「（東南アジアの独立運動について）日本による占領下で、民族主義・独立要求はもはや引き戻せないということを、イギリス、オランダは戦後になって思い知ることになる」（アメリカの教授Ｊ・Ｃ・レブラ）

こうした意見に、戦後の日本人はもっと耳を傾けるべきではないだろうか。

大東亜戦争により西洋人は不敗の神ではないことを明らかにされた

アーノルド・トインビー

東南アジアの植民地化と日本による「東亜の解放」

大航海の時代に先鞭《せんべん》をつけたのがポルトガルである。1488年にはバルトロメオ・ディアスがアフリカ南端の喜望峰に到達し、1498年にはヴァスコ・ダ・ガマが喜望峰を経由してインド西南のカリカットに到達、インド入りに成功した。

ポルトガルは1510年にはインドのゴアを拠点とし、その翌年にはマレーシア南部のマラッカを占領、モルッカ諸島（セレベスとニューギニアの間に点在）も支配下に置かれた。

さらに1557年、ポルトガルはマカオに居留地を置いた。中国（明）との交易も求めたが、もっとも力を注いだのがインドの植民地経営である。そのためゴアにいたポルトガル総督は、インド洋で平和的貿易を行っていたアラビア商船を攻撃してインド航路を独占し、セイロンやマラッカも奪った。

こうしてアジア、アフリカ、アメリカに至る海洋王国を築いたポルトガルだが、スペインの支配や独立などの混乱が重なった。オランダの独立戦争や宗教戦争の激化によって内地での大砲需要が増え、武装船団を維持できなくなり、1660年代までにマラッカ、セイロン、インド、そしてインドネシアの大部分を失い、ゴアやマカオ、東ティモールなどわずかな地域を残すのみとなった。

一方、スペインも世界航路の開拓に積極的だった。イタリア人のコロンブス、ポルトガル人のマゼランを援助したのもスペインである。

スペインはメキシコから太平洋を渡ってフィリピン征服に着手した。１５７１年にはマニラを占領し、そこを根拠地にメキシコの白銀を明へ輸出している。１５３３年にインカ帝国を滅ぼし中南米を支配していたスペインにとって、莫大な利益を生む太平洋航路は命綱である。しかし１５８８年、スペインの誇る無敵艦隊がイギリスに敗北したことで、スペインは植民地競争の第一線から撤退することになった。

スペインからの独立を図るオランダも、ポルトガルの通商拠点を奪いながら海への進出に参加した。

こうしてポルトガル、スペインに代わり頭角を現したのがイギリス、そして１５８１年にスペインから独立したオランダである。イギリスは１６００年、オランダは１６０２年にそれぞれ東インド会社を設立、相次いでインド洋に進出した。フランス、イタリア、デンマークといった新興の列強も東インド会社を設立した。

オランダはポルトガルに代わってバタビア（現在のジャカルタ）を拠点とし、マラッカやインドネシアを支配した。一時は台湾とセイロンも経営し、東洋貿易を広げている。

イギリスは1612年にインド西岸のスーラットに商館を設け、19世紀末までにはマドラス、ボンベイ、カルカッタにも拠点を置いた。フランスもイギリスに対抗し、17世紀後半からインドに本格的に進出した。

1757年にはフランスに支援されたベンガル太守軍がイギリス軍と衝突した。このプラッシーの戦いに勝利したイギリスはフランスの進出を封じ、さらに数度の軍事行動で土《ど》侯《こう》諸国を征服。こうして1858年にムガール帝国も滅ぼしたイギリスは、インドのほぼ全域を支配するに至ったのである。

オランダとイギリスは東南アジアでも争奪戦を繰り広げた結果、1824年の英蘭《えいらん》協定でオランダがインドネシア世界、イギリスがマレー世界の支配権を獲得。イギリスはシンガポール、ペナン、マラッカをも海峡植民地に加え、1886年にはビルマ全域がイギリス領となった。こうしてイギリスは太平洋に進出、世界帝国としての覇権を築き上げたのである。

一方、インドで敗退したフランスはアフリカで植民地獲得を強化する傍ら、インドシナに進出。そして1884年~1885年の清仏戦争でベトナムを手に入れ、仏印三国（ベトナム、ラオス、カンボジア）の支配権を打ち立てる。フィリピンは1898年の米西戦争でスペインの支配から脱したものの、今度はアメリカの植民地となった。
こうして日本、中国、そして英仏勢力の緩衝地となったタイを除き、アジア地域はほぼ西欧の植民地と化したのである。20世紀に入って近代国民主義が発達してくると、独立運動も各地で起こるようになった。これを物質的・精神的に援助したのが、大東亜戦争で進出してきた日本軍である。日本軍が設置、さらに支援した独立関連組織のいくつかをあげてみたい。

ビルマ（現ミャンマー）…南機関、ビルマ独立義勇軍（ＢＩＡ）
インド…Ｆ機関、インド国民軍（ＩＮＡ）
インドネシア…郷土防衛義勇軍（ＰＥＴＡ）
マレー…シンガポールの昭南興亜訓練所（昭南＝シンガポール）

数百年にわたって欧米の支配下にあったこれらの国々が、大東亜戦争によって解放されたことは、まぎれもない事実である。

大東亜戦争とはいかなる戦争だったのか

東南アジア独立戦争としての側面から、改めて大東亜戦争を見直してみたい。

日中戦争において、米英仏ソは中華民国を支援するための輸送路＝援蔣《えんしょう》ルートを複数持っていた。その一つがフランス領インドシナ（仏印）にあったため、日本はそれを切断するべく1940年9月に北部仏印に進軍、やがて進駐した。

同年6月にドイツに占領されたフランスでは、ペタン元帥による「ヴィシー政府」とドゴール将軍率いる亡命政府「自由フランス」が対立していた。仏印の植民地総督は本国の混乱を受け、日本に譲歩せざるを得なくなる。こうして1940年9月と翌1941年7月に日仏間の協定が結ばれ、日本軍は北部・南部仏印に進駐した。

しかし米英蘭はこれを危惧《きぐ》、日本への経済制裁として、屑鉄《くずてつ》、鉄鋼、石油の輸出を全面的に禁止。資源の乏しい日本にとってはまさに死活問題であり、こうして日本は日米戦争への道を余儀なくされたのである。

1941年12月、日本は大東亜戦争開始と同時に緩衝国タイに進駐し、日泰《にったい》攻守同盟条約を締結。タイのピブーンソンクラーム首相は、中国の蔣介石政権、インド、ビルマにも祖国独立を呼びかけ、自由インド独立連盟、ビルマ独立軍がバンコクで編成された。1944年にはヴィシー政権が解体、フランスへの警戒を強めた日本は1945年3月、仏印処理計画「明号作戦」を断行し、フランス軍を武装解除・排除に追い込んだ。

ベトナムでは王朝再建を目指す抗仏勤王の義軍運動が19世紀後半から始まっており、20

世紀には近代的ナショナリズムの「東遊運動」（ベトナム発の民族独立運動）が盛んになる。そのきっかけとなったのは、やはり日露戦争における日本の勝利だ。そして明号作戦によるフランス軍の撃破は、独立運動にも大きな影響を与えたのである。

一方、インドシナ半島のビルマは、１８２４年から１８８６年の間で３回にわたる英緬《えいめん》戦争を戦った。その結果国土の半分を失い、イギリス統治下にあったインドに併合されてしまう。

日露戦争後の20世紀初頭から反英独立運動が始まり、１９３７年にはインドから分離してイギリスの自治領となった。しかしビルマを支配していたのはイギリスだけではない。19世紀から華僑《かきょう》（中国系移民）と印僑《いんきょう》（インド系移民）が進出し、ビルマを境に東南アジアが華僑、西のインド洋からアフリカまでが印僑の勢力圏に置かれていた。そのため、反英独立運動は排華・排印運動にもつながっていくことになる。

開戦に先立つ１９４１年２月、日本は独立運動を支援すべく特務機関「南機関」を発足させ、独立戦争要員として30人のビルマ人青年を訓練した。その中には、バー・モウ（後の国家元首）、アウン・サン（民主化運動家アウン・サン・スーチーの父）も入っていた。そして戦争が始まると、日本軍は援蔣ルートの一つ・ビルマルートを遮断すべく、すぐさま第15軍をタイに進駐させ、ビルマ進攻に乗り出した。「30人の志士」たちは南機関の支援を得、ビルマ独立義勇軍（ＢＩＡ）を創設した。

日本軍に急襲された英印軍は退却、１９４２年３月には首都ラングーンが日本の手で占領された。アメリカ軍はスティルウェル陸軍中将を中国に派遣し、蔣介石もビルマルートを守るべく遠征軍を送ったものの、ことごとく撃退された。

こうして5月には日本軍がビルマ全域を制圧したものの、１９４４年のインドのインパール作戦で大敗、「白骨街道」と呼ばれる死の退却が行われた。竹山道雄《たけやまみちお》の『ビルマの竪琴』は、英霊を弔うべく僧侶となってビルマに残る青年兵の姿を描いている。

マレーでも日本軍は活躍した。山下奉文《やましたともゆき》陸軍大将の率いる第25軍第３飛行集団は、開戦と同時にマレー半島の中部東岸に上陸、翌年2月にはシンガポールにまで到達し、マレーのイギリス軍を無条件降伏に追い込んだ。

日本軍はマレーを経済的に支配していた華僑を追放、マレー人に歓迎された。さらに第25軍の渡辺渡大佐らは、シンガポールに昭南興亜訓練所（後のマレー興亜訓練所）を設立。ここで訓練された１０００人以上の卒業生は、マレー義勇軍の将校として独立運動を闘い、独立後も指導者として活躍した。

オランダ領インドネシアも、日本の第16軍の手で１９４２年に全域が制圧された。３月１日にジャワ上陸、９日にはオランダ軍が停戦命令を出すという超短期決戦を見事に成功させたのである。ジャワには黄色い皮膚の英雄（トビメラ）が白人を追い払ってくれる、という「ジョ・ヨボヨ伝説」があり、オランダ軍を降伏させた柳川宗茂《むねしげ》中尉は「トビメラが現れた」と歓待された、という話がある。

日本の勝利によって釈放された政治犯の中には、後のインドネシア初代大統領・スカルノや、副大統領となるハッタがいた。しかし石油、ゴムといった資源を確保したい日本軍と政府の意見対立と調整が遅れ、独立は時期尚早と考えた。スカルノが独立を宣言したのは、日本の敗戦の2日後だった。

このような経緯があるにもかかわらず、インドネシアは今でも親日である。中韓のように日本の非を言い立てる国ばかりでないことは、知っておくべきではないだろうか。

現在も輝き続ける大東亜共栄圏の理想

アジアの広域連帯を唱える大アジア主義そのものは江戸時代からあり、幕末開国期の東亜政略論にも結び付いていった。明治維新の「脱亜入欧」の一方で、岡倉天心の「アジアは一つ」のようにアジアを重視する思想が根付いていたのである。

日露戦争後、日本の勝利に触発され、アジアの解放・復興・独立を求める声が各国で高まっていた。その中で西洋対東洋、白人対黄色人の対立が明確になり、アジアの連帯を求める声が高まっていく。

日中戦争中の1940年7月、政府は『基本国策要綱』を発表した。ここでは「皇国外交の指針」の指導原理として次の重層構造が掲げられた。中核となる日本本土が第一層、内地の延長だった台湾・朝鮮が第二層、そして日満支圏が第三層である。日満一体で、東亜新秩序の実現のため「善隣友好、共同防共」「経済提携」を推し進めることが定められた。東アジア文化の融合もここでうたわれている。

そして第四層とされたのが、白人植民地帝国から解放された後の東南アジア資源圏である。インド、オーストラリア、ニュージーランドに至る資源補給圏も組み込まれていたのだ。その目指すところは「対米経済依存の是正」、すなわち東アジア経済圏を創出することである。

この時期に発足した第二次近衛内閣は「南進」を打ち出し、新秩序体制の目標範囲も「東亜」から「大東亜」に拡大される。松岡洋右外相は、内閣発足時の記者会見で「日満支をその一環とする大東亜共栄圏の確立」という外交方針を語っており、ここで初めて「大東亜共栄圏」の名称が用いられたのである。

日本軍は開戦後わずか84日間で白人の植民地支配をくじき、東南アジア全域を占領した。

しかし2年目には戦局が悪化の兆しを見せており、米英の逆襲も予想されたため、日本政府はアジアの諸国・諸民族との共同防衛を視野に入れ始める。

１９４２年、東条英機首相はアジア訪問を繰り返した。３月に南京と満州を訪れ、５月にはフィリピンで独立について打ち合わせた。７月にはタイ、シンガポール、インドネシアを歴訪したが、それと歩調を合わせるように8月にはビルマ、10月にはフィリピンが独立、シンガポールでは自由インド仮政府も樹立された。

そして１９４３年11月５日、日本で大東亜会議が開催された。陪席（オブザーバー）のインド代表も加え、各国代表の顔ぶれは次の通りだ。

日本：東条英機内閣総理大臣
中華民国国民政府（南京）：汪兆銘行政院長
満州国：張景恵国務総理大臣
タイ国：ワンワイタヤーコーン王子（ピブーンソンクラーム首相の代理）
フィリピン共和国：ホセ・ラウレル大統領
ビルマ国：バー・モウ内閣総理大臣
インド：チャンドラ・ボース自由インド仮政府首班

議長に選ばれた東条首相のもとで会議が行われ、６日には大東亜共同宣言が満場一致で可決された。しかし日本の敗戦によって、事実上崩壊の運命をたどる。

大東亜共栄圏構想は戦後、「日本を盟主とした大アジア主義は日本の驕《おご》り」「アジア支配を美化する隠れ蓑《みの》」と非難される。しかし当時アジアで近代化に成功していたのは日本だけであり、日本が盟主になる以外の選択はなかった。

また、共栄圏の発想自体が未熟かつ無謀な部分があったことは否定できない。とはいえ、欧州連合（ＥＵ）も、１９６７年に構想されてから40年余り経つものの、まだ完成されたとは言えない状態だ。旧ローマ帝国の版図という文化共同体であるヨーロッパでさえ、連合は今なお容易ではないのだ。

東アジア、東南アジアにおける国際関係秩序と言えば、中華帝国時代の天朝朝貢秩序くらいのものだった。これは中華に他国が服属するという中国中心の発想だったのに対し、大東亜共栄圏は水平関係の共存共栄構想であり、アジアにアジアを取り戻させる解放の思想だったのである。

大東亜会議に参加した（左から）ビルマ、満州、中華民国（南京政府）、日本、タイ、フィリピン、インドの各国首脳

今日のアメリカや中国がどんなに強大でも「アメリカ共栄圏」「大中華共栄圏」を作ることはできない。まして文化が多様で近代社会としても未成熟だった当時のアジアでこのような構想があったこと自体、驚嘆すべきといえるだろう。

戦後のアジア太平洋経済協力（APEC）も、日本の通産省による構想が現実化したものである。また1990年にはマレーシアのマハティール首相が東アジア経済協議体（EAEC）を提案しているが、これも東南アジア諸国連合（ASEAN）、日本、韓国などを含めた独自の経済圏構想であって、大東亜共栄圏と発想は同じである。

大東亜共栄圏を「実現不可能な妄想」と切り捨てるのは簡単だ。しかし日本が理想の実現に向けて尽力したこと、その理想が今なお力を失っていないことは確かといえる。

大東亜戦争により続々と独立したアジア

今なお「正しい歴史認識」を振りかざして日本を威嚇してくる中国や韓国の姿を見るたび「こんなに恨まれるなんて、戦時中の日本は何とひどいことをしたのだろう」と感じる人は少なくないだろう。しかし大東亜戦争中、日本の影響下・支配下に置かれた国は中韓だけではない。これら東南アジアの国々の人の眼に、大東亜戦争はどのように映っているのだろう。

1991年12月マレーシアで、ケランタン州政府は日本軍の上陸50周年特別式典を開催、戦争博物館を設立した。この時、ケランタン州副知事ロザリー・イソハックは次のように語っている。

「ここコタバルは、日本軍最初の上陸地です。私は戦争博物館の館長として記念行事を担当しましたが、多くの人がこの重要な出来事を長く記憶に留めていただきたいと願っています」

日本軍の上陸という、中韓であれば「国辱記念日」とでも命名しそうな出来事を、このように祝福している国もあるのだ。

マレーシアのラジャー・ダト・ノンチック元上院議員の言葉も紹介しておきたい。

「私たちは、マレー半島を進撃してゆく日本軍に歓呼の声をあげました。敗れて逃げてゆく英軍を見た時に今まで感じたことのない興奮を覚えました。しかもマレーシアを占領した日本軍は日本の植民地としないで将来のそれぞれの国の独立と発展のために、それぞれの民族の国語を普及させ青少年の教育を行ってくれたのです」

「新国家マラヤ連邦の建国の基本策と具体策は、当時のマレー人青年の日本グループによって進められたと言っても過言ではありません。あの当時の国家計画庁本部は、昭南、マラヤの両興亜訓練所や日本に留学した南方特別留学生の同窓会の雰囲気でした」

当時のマレーは海峡植民地、連邦マレー州、非連邦マレー州の3地域に分かれており、ナショナリズムが育ちにくい国だった。日本の出現で分断構造が解体され、1つのマレーとしての民族意識を持つことができるようになったのである。

また日本の作った訓練所では、各州からマレー人、インド人、華僑《かきょう》の管理者を選抜して農作業や軍事などを教育していた。そこで育った若者たちが、戦後の近代化をリードする役割を果たしたのである。

インドネシア独立を下支えしたのも日本である。日本はインドネシアを占領すると共に、1942年末から大東亜戦争1周年を記念して、プートラ運動（民衆総力結集運動）を組織した。ここで訓練を受けた青年団員は地方を防衛する警防団の団員となり、さらにそこで軍事訓練を受けて郷土防衛義勇軍（PETA）に編成される、という仕組みだ。

インドネシア特殊要員養成隊・青年道場と呼ばれる訓練所も開設され、日本式の訓練が施された。これらから後のスハルト大統領をはじめ、独立の核となる人材が巣立っていったのである。日本の功績に関するインドネシア側の証言を拾ってみたい。

「アジアの希望は植民地体制の粉砕だった。大東亜戦争は私たちアジア人の戦争を日本が代表して敢行したものだ」（モハメッド・ナチール元首相）

「日本はインドネシア語の公用語化を徹底して推進し、インドネシア国民としての連帯感を人々に植え付け、広域の大衆をインドネシアという国家の国民として組織した。特に若者に民族意識を植え付け、革命の戦闘的情緒と雰囲気を盛り上げた。またPETAの革命における意義は大きく、これなくしてインドネシア革命はあり得なかった」（ジョージ・S・カナヘレ『日本軍政とインドネシア独立』より）

また、ビルマでは独立運動を支援する特務機関・南機関が活躍したことは先にも触れたとおりである。機関長の鈴木敬司《すずきけいじ》は早々に独立政府を作ろうと試みたが、「早期の独立は日本との対立の基になりかねない」とする参謀本部と意見が対立し、結局南機関は解散した。

鈴木は北海道に転属となるが、当時数万人規模まで成長していたビルマ独立義勇軍（BIA）は「ビルマ独立軍の父、ビルマ軍の庇護者《ひごしゃ》、ビルマ独立軍の恩人」である鈴木に肖像画と軍刀を贈っている。戦後、鈴木はB級戦犯として裁判にかけられたものの、BIAの元将兵らの抗議によって無罪となった。

1943年8月のビルマ独立宣言時、ビルマ外相ウー・ヌーは次のように演説している。

「歴史は、高い理想主義と、目的の高潔さに動かされたある国が、抑圧された民衆の解放と福祉のためにのみ生命と財産を犠牲にした例をひとつくらい見るべきだ。そして日本は人類の歴史上、初めてこの歴史的役割を果たすべく運命づけられているかに見える」

１９４４年のインパール作戦失敗で日本は敗退、ビルマは再びイギリスの植民地となる。しかし日本軍の手で育てられたアウン・サンらによって独立運動は続行され、１９４８年にはビルマ連邦共和国として独立を果たしたのである。

元首相バー・モウは『ビルマの夜明け』でこう述べている。

「歴史的に見るならば、日本ほどアジアを白人支配から離脱させることに貢献した国はない。しかしまた、その解放を助け、あるいは多くの事柄に対して範を示した諸国民そのものから、日本ほど誤解を受けている国はない」

「真のビルマ独立宣言は、（イギリス連邦から離脱した）１９４８年１月４日ではなく、（日本占領下で独立を宣言した）１９４３年８月１日に行われたのであって、真のビルマの解放者はアトリーの率いる労働党政府ではなく、東条大将と大日本帝国政府であった」

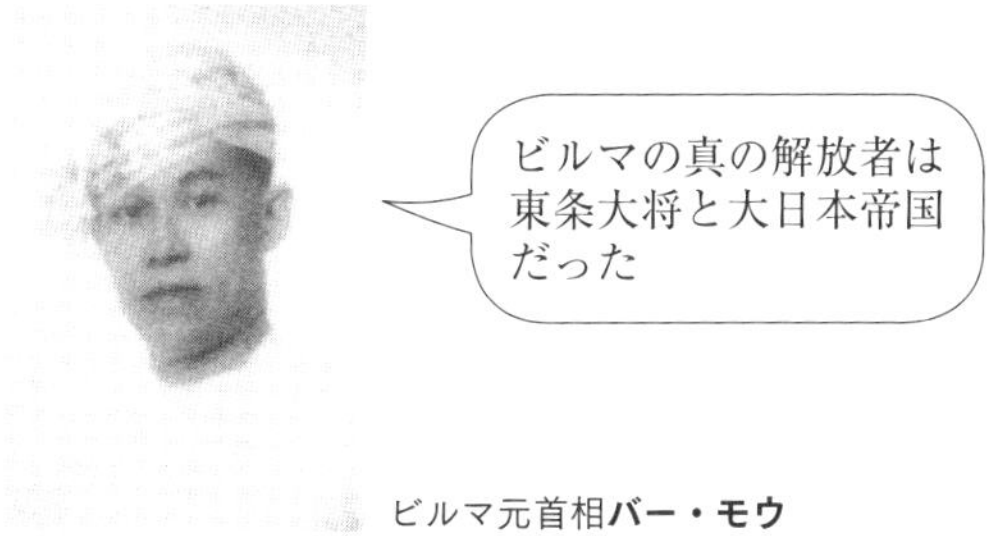
ビルマの真の解放者は
東条大将と大日本帝国
だった

ビルマ元首相**バー・モウ**

最後に、インドの例も見てみたい。

インドの独立工作を行う日本軍のＦ機関（藤原岩市《いわいち》少佐が率いる「藤原機関」の略）は戦前から存在し、マレー作戦で投降したイギリス軍のインド兵を編成していた。５万５０００人から選《え》りすぐられた１万３０００人がインド国民軍（ＩＮＡ）に組織され、Ｆ機関も岩畔豪雄《いわぐろひでお》を長とする印度独立協力機関（通称「岩畔機関」）に再編成された。

１９４３年、インド独立運動のリーダーだったチャンドラ・ボースが来日し、独立運動への協力を要請したことを機に、岩畔機関は光機関と改称された。ボースはＩＮＡの司令官および自由インド仮政府の主席に就任するが、仮政府を承認したのが日本、タイなど７カ国だった。

日本軍はビルマ方面の遊撃戦の中核をＩＮＡに任せ、光機関はさらに南方軍遊撃隊司令部と改称した。ＩＮＡはインパール作戦にも参加したものの惨敗、そのまま敗戦を迎えた。独立に日本の力を借りられなくなったボースは、ソ連の協力を得ようとした。しかし１９４５年８月モスクワに向かう途中、台北近郊で墜落死。遺骨は今も日本に納められている。

ＩＮＡは戦後、イギリスの手でデリー軍事裁判にかけられるが、これに反対する暴動が続発した。イギリスは軍事裁判を中止せざるを得なくなり、こうして１９４７年８月にインドは独立を獲得したのである。

東京裁判の際、インドのラダビノード・パール判事が日本を弁護し、裁判そのものを「方向性が予《あらかじ》め決定づけられており、判決ありきの茶番劇である」と批判したことは有名である。

デリー軍事裁判の首席弁護人となったパラバイ・デサイ博士も、次のように述べている。

「インドはまもなく独立する。この独立の機会を与えてくれたのは日本である。インドの独立は日本のおかげで30年も早まった。インドだけではない。ビルマも、インドネシアも、ベトナムも、東亜民族はみな同じである。インド国民はこれを深く心に刻み、日本の復興には惜しみない協力をしよう」

また、次はＩＮＡ大尉Ｓ・Ｓ・ヤダフの言葉である。

「インドが日本のお陰を蒙《こうむ》っていることは、言語に尽くせない大きなものがあります。偉大な貴国はインドを解放するにあたって、可能な限りの軍事援助を提供しました。何十万人にものぼる日本軍将兵が、インド国民軍の戦友として共に血と汗と涙を流してくれました。インド国民軍は日本帝国陸軍がインドの大義のために払った崇高な犠牲を、永久に忘れません」

アメリカの日本に対する敵意

今度は、大東亜戦争において日本の主たる敵だったアメリカに目を向けてみたい。

ペリーの黒船来航によって開国して以来、日本は基本的にアメリカと良好な関係を築き、手本ともしていた。

日韓併合を好意的に認めたのも英米であり、むしろ中韓相手よりも関係は良好だったと言ってよい。

日米対立の火種が生じたのは日露戦争直後のことだった。日米対立から40年もさかのぼるのはうがちすぎ、という意見もあるが、日露戦争を境に日米関係が大きく変化したことは間違いない。

日露戦争後のポーツマス条約で、遼東《りょうとう》半島の租借権、南満州鉄道をロシアから日本に移譲することなどが定められた。清国もこれを承認する形で満州善後条約が結ばれたものの、清国崩壊後の中華民国が日本の権益を否認する行動に出たことで、日中関係は悪化し、満州事変、日中戦争へと発展していく。この時、中国・満州から日本を排斥するべく中国と足並みをそろえたのがアメリカだった。

列強の中国進出に一足遅れたアメリカは「機会均等、門戸開放」を掲げて参入、まだ列強の手が伸びていない満州に着目した。ロシアに満州を横取りされないためには日露の勢力均衡が望ましかったため、アメリカは日露戦争で日本を支援した。

しかし戦後、日本はアメリカの求める南満鉄の共同経営を拒否。共同管理案を拒否された鉄道王ハリマンは「日本は10年後に後悔することになる」と不気味な警告をしているが、不幸にもそれは的中した。

満州を独占されたアメリカは警戒心を強め、1941年のハル・ノートで大陸における日本の権利を放棄することを要求した。これはすなわち日露戦争以前の状態に戻ることを意味しており、日本としてはとうてい受け入れられなかった。

日露戦争の影響としてもう一つ見逃せないのが、前述した「黄禍論」である。

歴史上「タタールのくびき（タタール人＝モンゴル人によるロシア支配）」のような東方民族の侵攻に脅かされてきた西欧社会

鉄道王**エドワード・ヘンリー・ハリマン**

には、潜在的に黄色人種への警戒感があった。第二次大戦後の日本の経済発展に対して、日の丸を燃やしたり日本車を破壊したりといったジャパン・バッシングなどの「新黄禍論」が巻き起こったことや、近年急速に経済成長した中国に対して反中感情が高まっているのも、根は同じとみてよいだろう。

日清戦争で日本が勝利して以来、欧米では日本の台頭を危ぶむ声が起こっていた。さらに日本がバルチック艦隊を打ち破ったことは、ロシアのみならず、日本の同盟国だったイギリスをも含む白人社会全体に衝撃を与えたのである。日露戦争の勝利は欧米列強に対する挑戦と受け止められ、アジア人種を敵視・警戒視する黄禍論が高まりを見せ始めた。

アフリカの植民地・アレクサンドリアで発行されていたフランスの『レ・ヌエール』紙には、次のような論説が掲載されている（1912年8月7日）。

「これまで軽視してきた日本人が、わずか数カ月間で第一流の地位に立ち世界を征服するのを見て不可思議に感じる。世界の中に、これほど憤激させる飛躍があるだろうか。我々が傲慢《ごうまん》だったと、手に冷や汗を握らされた。日本の発展は、欧州を責罰するための天の指令であろう」

その根底には、アジア系移民に白人社会が侵食されるという人種偏見もあった。最初にターゲットとされたのは中国人移民だが、しだいに日本人も就職妨害、学童の隔離教育、ハワイを経由した転航移民禁止といった差別の対象になった。

１９１８年、第一次世界大戦が終結。戦争で疲弊したヨーロッパに代わり、アメリカが勢力を強めていった。日米の共通の敵だったドイツが敗れたこともあって、アメリカでの反日気運はさらに高まった。

大戦後の軍備縮小に反対するタカ派も、日本の脅威を強調するようになった。日米戦争をシミュレーションする本が数多く出版され、ホーマー・リーによる日米未来戦記『無知の勇気』は日本でも刊行されたほどである。１９２４年以降は日本を仮想敵国とする戦争計画「オレンジ計画」も繰り返し策定された。

さらに１９２４年には排日移民法が公布された。表向きは日本のみならず他の移民の入国も制限するものだったが、アジア移民の大多数を占める日本人がターゲットであることは明らかである。これを受けて、反米キャンペーンの集会に８万人が押し寄せるなど、日本の世論も過熱した。この排日移民法が日米戦争の遠因になった、という説もある。

アメリカの反日感情に比例するように、日本でも嫌米・日米必戦論が高まっていった。水野広徳《ひろのり》の『打開か破滅か 興亡の此一戦』、神田燿滋《ようじ》の『日・米もし戦はゞ』のような著作が出されるようになった。こうした世論が戦時中の「鬼畜米英」に発展し、日米全面戦争へとつながっていくのである。

「持たざる国」日本が迫られた選択

日露戦争以降、国際情勢は大きく変動した。アメリカは日本に対する警戒を強め、1909年には満鉄の権益排除を求める満州鉄道中立案が、ノックス国務長官の手で提出された。これに危機感を持った日本は、以前の宿敵であるロシアと第一次・第二次協商を結んで、各自の特殊権益を共同防衛しようと図った。

しかし、欧米資本による圧迫は続いた。中でも1911年末、米英仏独の4カ国銀行団による中国への借款《しゃっかん》は「満州への投資の優先権を4カ国銀行団に付与する」と規定しており、日露の勢力を排除しようとするものに他ならなかった。そのため、日露も銀行団に加入することになった。日露は接近を強めたものの、ロシア帝国は1917年には革命で崩壊してしまった。

さらに1920年には、中国政府への借款を日米英仏の国際借款団のもとに行うという新4カ国借款によって、満蒙における日本の独占権はほとんど否定された。一方イギリスは、国内経済の立て直しと中国市場回復のためにアメリカに接近し、1921年には日英同盟の解消が決定した。

１９２１〜１９２２年、第一次大戦後の諸問題解決のためのワシントン会議が開かれ、米・英・日・仏・伊・オランダ・ベルギー・ポルトガル・中国が参加した。この会議で海軍軍備の制限条約が批准《ひじゅん》され、米英日の主力艦保有比率は５：５：３と定められた。日本海海戦後、アジアの制海権を握っていた日本に対し、アメリカは海軍力の優位を確立しようとしたのである。

さらに「中国に関する９カ国条約」も締結された。これは中国の主権、独立、領土的・行政権の尊重などをうたったものだが、アメリカの対中「門戸開放、機会均等」を明文化する一方、日本は既得権益の大幅な移譲を強いられた。ワシントン会議の真の目的は、日本の躍進を阻止し、列強による中国支配の再編だったのである。

中国の諸政府や諸勢力も、英米の勢力を利用して反日・排日に利用するという、伝統的な「夷をもって夷を制する」策に出た。こうして反日運動に拍車がかかり、日本は中華民国の内乱に巻き込まれることになったのである。

またワシントン体制による内政不干渉の原則は、中国の内乱を増幅させ、さらに中国共産党勢力やソ連の影響力を増大させた。そんな中、日本は単独で東亜新秩序を再建せざるを得なくなった。

ワシントン会議の後、米英は急速に足並みをそろえるようになり、覇権国家の地位も大英帝国からアメリカへとじょじょに移っていった。

米英中心のワシントン体制下で、日本も米英協調外交を進めていたが、１９２９年には世界恐慌が起こった。各国はブロック経済や緊縮財政などで経済的なナショナリズム状態に入り、国際協調の時代は終わりを迎えたのである。

１９３１年の満州事変後、日本の「９カ国条約違反」を理由に各国の態度が硬化。ワシントン体制下で協調主義外交を貫いてきた日本は、ここで慌てて不協調方針を取ったものの、国内世論は中国への妥協を許さなかった。当時の第２次若槻《わかつき》内閣は総辞職し、協調外交路線に終止符が打たれた。

日本は１９３３年に国際連盟を脱退。さらに１９３４年の第二次ロンドン軍縮会議の予備会議では英米との海軍力均等を求めたが、受け入れられなかったため海軍軍縮条約からも撤退することになる。やがて日米間の軍拡が再開し、ワシントン体制も終わりを迎えた。

一方、１９３５年にはコミンテルン第７回大会が開かれ、日独伊はもっとも危険なファシスト、戦争煽動者であると名指しされた。そして帝政ロシア後のソビエト政権を防衛するため、各国共産党に対し反ファシスト人民統一戦線の結成が指令されたのである。

日本は反共反ソを掲げてドイツに歩み寄り、イギリスなど西欧諸国にも接近して孤立状態から脱しようと図った。１９３６年には共産インターナショナルに対する日独防共協定が結ばれ、翌年にはイタリアも加わった。これには日本国内でも意見が分かれ、ソ連も含めた4カ国提携構想も出たものの、最終的には1940年に日独伊三国同盟が成立した。

1940年には日米通商航海条約がアメリカの廃棄通告により失効し、日本は石油をはじめとする重要資源を、蘭印（オランダ領インドネシア）で確保せざるを得なくなった。また米英独ソが中国を援助する援蔣ルートが仏印（フランス領インドシナ連邦）にあったため、日本はこれを断つべく北部仏印に進駐した。

アメリカのハル国務長官はこれを受けて、同年屑鉄《くずてつ》屑鋼《くずこう》の対日輸出を禁止。米英蘭の対日経済封鎖によって、満州・中国・仏印・タイ以外の対日貿易は完全に阻止された。さらに翌年には日本の在米資産の凍結、アメリカによる対日石油輸出の禁止といった措置がとられ、日本はＡＢＣＤ（米英中蘭）包囲網の中で、重要資源の供給を止められてしまう。こうして日本はアメリカの思惑通り、戦争への道を選ばされることになったのである。

大東亜戦争は、英米などの「持てる国」本位の世界秩序から脱

日独伊三国同盟でドイツ総統府でアドルフ・ヒトラーとの会談に臨む**松岡洋右**

出することに活路を求めた「持たざる国」日本のぎりぎりの選択だったといえるだろう。

開戦を決めたのは日米どちらだったのか

1941年11月27日、日本政府はハル・ノートを受け取る。これを受けて皇居に参内した主要閣僚と重臣によって、戦争不可避で全員の意見が一致し、天皇は最終的に12月1日の御前会議で対米英蘭開戦決定を裁可した。

これに先立つ11月26日、南雲忠一《なぐもちゅういち》中将が攻撃部隊を率いてハワイに向かっており、12月8日には真珠湾を攻撃した。

暗号解読や清書に手間取ったため、最後通牒《つうちょう》がハル国務長官の手に渡ったのは攻撃開始の50分後。つまり外務省の手落ちによって、真珠湾は「卑怯な騙《だま》し討ち」としてアメリカ国民を憤激させ「リメンバー・パールハーバー」の敵愾心《てきがいしん》を引き起こしてしまったのである。

しかし仮に第一撃を把握できなかったとしても、日本からの攻撃をアメリカが予知できないはずはない。アメリカ軍が中国軍に加担し、日本の主要都市を爆撃する計画がすでに存在しており、陸海軍長官やルーズベルト大統領が承認のサインをした文書も発見されている。

真珠湾「奇襲」の成功にも多くの謎がある。ハワイに向かった空母6隻（350機の攻撃機を搭載）、戦艦2隻、巡洋艦3隻、駆逐艦9隻、潜水艦3隻、油槽船7隻などの大艦隊が、2週間の航路でまったく発見されなかった、というのである。これほど日米関係が緊張していたというのに、無線の暗号が解読されていなかったとは、米海軍の怠慢で済まされる話だろうか。

また、太平洋西岸の母港サンディエゴにいた太平洋艦隊が、ハワイの真珠湾に結集していたのも奇妙な話である。アメリカが奇襲を事前に察知していた、あるいは日本を挑発して先制攻撃させるように仕向けた、など諸説あるが、真相は分からない。

真珠湾攻撃と同日、日本は米軍最大の南方基地であるフィリピンを攻撃。バターン半島の米軍・比《フィリピン》軍は翌年4月に降伏し、マッカーサー大将は「I shall return」の言葉を残してオーストラリアに脱出した。こうしてフィリピンを制圧したものの、10万人以上の捕虜を収容するのは不可能であり、日本軍は捕虜を北部のオドンネル収容所まで送ることになった。

炎天の下、約7万人の捕虜を徒歩で50キロ、列車で40キロ、さらに徒歩で13キロという移送行の結果、栄養失調や感染症で米兵600人、比軍1万人が死亡した。後に「バターン死の行進」として告発された有名な事件だが、護送する日本軍も同じ条件下で移動したのである。戦後のシベリア抑留では65万人ともいわれる日本人が連行されており、日本がとりわけ非人道的だったとはいえない。

一方、米英蘭など26カ国が日独伊軍事同盟に対抗するべく、1942年1月にワシントンで「連合国共同宣言」に調印し、連合国軍を結成。日本は開戦後半年でほぼ東南アジア全域を制圧していたものの、やがて戦局は不利に傾くようになった。

分岐点となったのが、海戦では6月のミッドウェー海戦、陸戦では8月からのガダルカナル島でのものだった。

ミッドウェーで日本は空母4隻、重巡洋艦1、駆逐艦1隻、航空機289機、兵士3057人（第1級パイロット110名含む）という損害を出している。米海軍の損害は空母1隻、駆逐艦1隻、兵士307人だった。その1カ月前、米軍は沈没した駆逐艦から日本の暗号文を入手し、解読に成功していた。そのため米太平洋艦隊はミッドウェーで待ち伏せしていたのである。

勢いに乗った米軍はソロモン諸島のガダルカナルやツラギを攻略、日本は奪還のために3万数千人を投入したが、2万人以上が戦死、餓死、病死する悲惨な結果になった。翌1943年5月にはアリューシャン列島西端のアッツ島に米軍が上陸、激戦の末、日本軍は玉砕した。

１９４４年6月のマリアナ沖海戦では、日本軍は空母9隻のうち3隻が沈没、艦載機３２６機のうちおよそ１００機を残すのみという結果だったが、米軍は戦闘機を1機失ったのみだった。その結果、サイパン、グアム、テニアンの３島で日本の守備兵や日本人住民が次々玉砕した。さらに10月には連合軍がレイテ島に上陸を開始、日本軍との間にレイテ沖海戦が起こった。日本の誇る連合艦隊はほぼ壊滅、フィリピンも失って、戦いは本土防衛戦となった。日本軍の損害は大きく、63万人中48万人がフィリピンで戦死した。

１９４５年に入って、日本の本土防衛線となるのは沖縄、台湾、硫黄島だけだった。米軍は2月に硫黄島、4月に沖縄に上陸。激戦の末、日本軍は硫黄島で2万３０００人、沖縄で9万人を失い、沖縄の民間人も10万人にのぼる犠牲者を出した。

本土も空襲の標的となり、３月10日の東京大空襲では10万人以上の民間人が死亡した。８月には広島、長崎に相次いで原爆が落

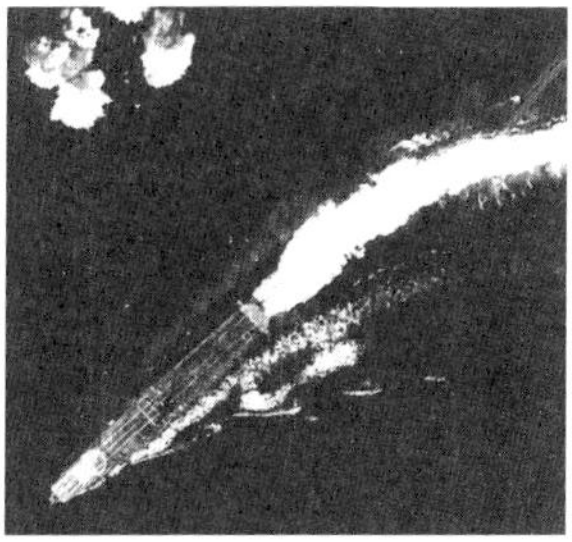

ミッドウェー海戦にてＢ－17爆撃機の攻撃を受ける空母「飛龍」

とされた。こうして3年8カ月にわたる戦争は、日本の敗北で終焉《しゅうえん》を迎えたのである。

なお、大東亜戦争で世界を驚かせたのが、日本軍による捨て身の攻撃・神風特攻隊だ。これを「非人道的な軍の犠牲」「犬死に」と批判する声もある。しかし結果的に敗戦したからと言って、それを犬死になどという権利は誰にもない。

若き軍人たちが祖国や家族のためにその命を捧げたこと、それほど尊い犠牲を払って彼らが守った国に、今、私たちが住んでいることの意味を、今一度考えてみる必要があるのではないだろうか。

マリアナ沖海戦で米軍の対空砲火により撃墜された日本の戦闘機

なぜ日本は超大国に挑み続けたのか

日清戦争、日露戦争、日中戦争、日米戦争（大東亜戦争）という一連の流れを総括して「日本は世界征服を目論んでいた」という指摘もある。こう声高に唱えるのは中国であり、「田中上奏文」

などはその最たるものといえる。

「侵略」「陰謀」「征服」だけで歴史を語るのは『三国志演義』的な歴史小説の常套《じょうとう》手段だが、戦後アメリカが教育・言論を利用して日本人に罪悪感を植え付けてきた結果ともいえる。しかし、物事はそんなに単純ではないことは、本書でもこれまで見てきたとおりだ。

日本は常に戦わざるを得ない状況に追い込まれ、清、中国、ロシア、アメリカといった超大国との戦争を選択しなくてはならなかったのである。これらはみな侵略戦争ではなく、超大国の横暴や脅威に対する「抗戦」だったと考えるべきだろう。

しかも清は近代化もままならない「張子《はりこ》の虎《とら》」だが、ロシアやアメリカは今も世界有数の軍事大国であり、日本に勝ち目はない、というのが大方の見解だった。侵略が目的なら欧米列強の植民地支配のように弱小な相手を狙えばいいのであって、国運を賭《か》けて大国にわざわざ挑む必要はない。

一連の戦争があった19世紀～20世紀前半は、弱肉強食の列強時代だった。弱小国が次々消滅し、また強国の植民地に転落していく中、日本が大国主義の道を選び富国強兵に努めたのは、しごく当然のことだったのだ。大国志向は当時国家が生存する上で必要不可欠であり、世界征服のためだったという批判は当たらない。

自由主義が台頭した19世紀半ばのイギリスでは、財政負担となる植民地を解放すべき、という声が巻き起こったことがある。しかしフランスやアメリカが領土を拡大し続ける中、小国主義を求める世論は終息せざるを得なかった。

日本でも同様に、日露戦争後に小国主義が高まりを見せた。軍備を縮小し日清戦争以後の新領土をすべて放棄すべきという三浦銕太郎《みうらてつたろう》をはじめ、石橋湛山《いしばしたんざん》、内村鑑三《うちむらかんぞう》、中江兆《なかえちょう》民《みん》らそうそうたる顔ぶれが小国寡民《かみん》（「国は小さく住民は少ない」の意。老子による理想の国家像）を唱えたが、当時の国際情勢の中でそれは幻想にすぎなかった。

永野修身《ながのおさみ》軍令部総長は、大東亜戦争開戦に際してこのような言葉を残している。

「戦わざれば亡国と政府は判断されたが、戦うもまた亡国につながるやもしれぬ。しかし、戦わずして国亡びた場合は魂まで失った真の亡国である。しかして、最後の一兵まで戦うことによってのみ、死中に活路を見出しうるであろう。戦ってよしんば勝たずとも、護国に徹した日本精神さえ残れば、我等の子孫は再三再起するであろう。そして、いったん戦争と決定せられた場合、我等軍人はただただ大命一下戦いに赴くのみである」

日本はまさに、戦わなければ亡国、戦うもまた亡国というぎりぎりの状況に置かれていたのである。そして日本は奇跡的な善戦を見せ、白人優位社会にアジアの底力をまざまざと見せつけたのだ。それが植民地諸国に勇気を与え、独立運動の刺激剤になったことは疑うべくもない事実である。

マッカーサーもまた、１９５１年5月3日に米国議会の上院軍事外交合同委員会において、「彼ら（日本）が戦争を始めた目的は、主として安全保障上の必要に迫られてのことだった」との発言をしている。

それなのに、先の大戦というと「南京大虐殺」「従軍慰安婦」「強制連行」といった侵略史観、自虐史観ばかりが強調される。「世界革命、人類解放」「大中華共栄圏」が問題にされないのに、「東亜解放の聖戦」「大東亜共栄圏」といった言葉までタブー視されるのは、何ともおかしな話である。

中国・韓国は日本を非難する資格がない

中国が非難する南京大虐殺の虚構性については、すでに第四章で述べた。ここでは韓国が日本攻撃の材料として声高に主張する「従軍慰安婦の強制連行」について反論しておこう。

従軍慰安婦の強制連行とは、日韓合邦時の朝鮮半島において、

日本が戦争を始めた目的は主として安全保障上の必要に迫られたからだった

マッカーサー

数十万人もの女性が日本軍によって強制的に慰安婦にさせられ、戦地に送られて「性奴隷」にさせられたというものだ。

戦地の兵隊とともに、売春婦がつねに存在していたことは、過去の日本も朝鮮戦争後の韓国軍も例外ではなかった。彼女たちの存在は占領地区での兵士による強姦事件などを防ぐ効果もある。だから、戦地での売春の営業に反対はしなかったものの、軍や政府が慰安所を運営するなど直接「関与」した事実はなく、その証拠や資料も一切ない。日本人はもちろん韓国人の慰安婦も存在したが、関与していない国が謝罪や賠償などする必要はない。

従軍慰安婦が大きな問題となったのは、吉田清治という元軍人が、1983年に出版した『私の戦争犯罪』(三一書房)で、済州島において200人以上の朝鮮人女性を無理やりトラックに乗せて慰安所に送り込んだと記述し、これを朝日新聞などの左翼メディアや進歩的文化人が大々的に取り上げたため、韓国との間で政治問題となってしまったという経緯がある。

これに疑問を持った秦郁彦拓殖大学教授(当時)や、済州島の地元紙である済州新聞の記者が現地調査をしても、それを裏付ける証拠はなく、完全な嘘であることが判明したのである。

後に吉田清治氏自身も、著書がフィクションであることを認めたが、それでも朝日新聞があたかも「事実」であるかのように繰り返し報じたため、日韓で大きな問題となり、1993年に当時の河野洋平官房長官が「河野談話」として、証拠がないにもかかわらず、政治的妥協により強制連行を認めてしまったのだ。

その後、韓国人はこの河野談話を盾に日本を批判し続け、近年からさらに国策として海外宣伝という戦略転換により、日本に対するゆすりたかりを続けているのである。「従軍慰安婦は20万人で、うち朝鮮人が18万人だった」などと主張している。しかし、大東亜戦争で海外出兵していた日本軍は200万人であり、10人に1人の割合で非戦闘員を抱えて、戦争などできるはずがない。

そもそも、中華の属国だった朝鮮は、アジア最大の貢女の供給地であった。統一新羅の時代から李氏朝鮮に至るまで、宗主国には貢女が進貢されていたのだ。なかには元の順帝時代の奇皇后、明の永楽帝時代の権賢妃のように、皇帝に寵愛され、権勢を誇った貢女もいたほどだった。詳しくは拙著『韓国人に教えたい日本と韓国の本当の歴史』（徳間書店）を参照してほしいが、朝鮮半島は古来から「慰安婦」の生産地であり、その風習が李氏朝鮮時代にも続いていたのであり、売春婦には事欠かなかった。

戦後も、朴正熙大統領が公娼制度を一時的に採用していた。1970年代には、朝鮮半島の統一勢力と手を結んだ日本の文化人がこの「国家管理売春」「売春立国」を糾弾し、日本人男性の妓生《キーセン》観光が槍玉にあげられたほどだった。世界売春史から見ても、人類史唯一の「性奴隷国家」、ことに大韓民国の建国後もずっと売春立国を続けていることは、朝鮮半島史が如実に物語っている。

そして現在でも、韓国人売春婦は世界各国で大きな社会問題となっており、朝鮮日報2012年7月22日付では、「韓国人女性による海外での売春問題は非常に深刻だ。アメリカとオーストラリアの両政府の調査によると、アメリカでは売春目的で働く外国人女性の4人に1人（23・5％）、オーストラリアでは5人に1人（17％）が韓国人で、そのため韓国は『売春婦輸出国』という汚名を着せられている」と報じている。

このように、朝鮮には古代から現在まで、大量の売春婦が存在したのであり、日本が人狩りをして慰安婦を強制的に集める必要などなかったのだ。

戦犯など日本には存在しない

「A級戦犯が祀られている靖国神社を日本の政治家が参拝するのは侵略戦争を美化するものだ」という中韓の主張はさらに滑稽だ。

「A級戦犯」が靖国に合祀されたのは1978年であるが、中曽根総理が参拝を中止した

1986年まで、何人もの首相が公式参拝しているものの、中国も韓国も異を唱えたことはなかった。

そもそも、A級戦犯とはなにか。東京裁判は、ナチスドイツの国家指導者たちを裁いたニュルンベルク裁判を真似して開かれたものであり、そこで「戦犯者」として裁かれたのが以下のような「罪」を犯した者たちだった。

(イ)平和ニ対スル罪

即チ、宣戦ヲ布告セル又ハ布告セザル侵略戦争、若ハ国際法、条約、協定又ハ誓約ニ違反セル戦争ノ計画、準備、開始、又ハ遂行、若ハ右諸行為ノ何レカヲ達成スル為メノ共通ノ計画又ハ共同謀議ヘノ参加。

(ロ)通例ノ戦争犯罪

即チ、戦争ノ法規又ハ慣例ノ違反。

(ハ)人道ニ対スル罪

即チ、戦前又ハ戦時中為サレタル殺人、殲滅、奴隷的虐使、追放、其ノ他ノ非人道的行為、若ハ犯行地ノ国内法違反タルト否トヲ問ハズ、本裁判所ノ管轄ニ属スル犯罪ノ遂行トシテ又ハ之ニ関連シテ為サレタル政治的又ハ人種的理由ニ基ク迫害行為。

このうち、（イ）に当たる者たちは「A級戦犯」、（ロ）がB級戦犯、（ハ）をC級戦犯として、それぞれ裁かれたのである。

そして東京裁判では、A級戦犯とされた25人が有罪となり、7人が死刑となった。ところが、この「平和に対する罪」というのは、あきらかに事後法だった。そもそも「侵略戦争」というものの意味が不明確であり、東京大空襲や原爆投下で大量の一般市民を殺戮したアメリカは、明らかに国際法に反しており、また、「人道に対する罪」も負っているが、誰一人罰せられていない。

要するに、「平和に対する罪」という、国際法上にもない概念が持ち出されて裁かれたことは、この裁判が戦勝国による敗戦国への一方的な復讐劇であったことを物語っている。

そもそも、A級戦犯のみならずB級、C級戦犯にも死刑に処された者がいることからわかるように、A、B、Cというのは、罪の大きさを表したものではないのだ。だから「A級戦犯が祀られているからダメ、B級、C級戦犯ならOK」という話でもない。

そして、前述したように、この裁判の「主催者」であったマッカーサーまでもが、戦後、日本の「太平洋戦争」に至るまでの軍事行動が、「日本は安全保障上の必要に迫られて戦争を始めた」と発言している。

前述のように、東京裁判とは、連合国がナチスドイツの国家指導者を裁いたニュルンベルク裁判を模倣したもので、日本をナチスドイツと同列視したものだった。

ナチスの国家指導体制と同様なものが日本にあったとみなし、それがないとわかっても強引にそれをでっち上げたのだ。

東条英機をヒトラーと同列に捉え、世界征服を共同謀議したと断罪、さらにユダヤ人虐殺に等しいものとして「南京大虐殺」を創作し、「平和に対する罪」「人類に対する罪」という前代未聞の罪状を日本に押しつけて、とことん報復しようという意図があった。

ところが連合国は、ナチスと同様、世界征服の共同謀議を行った日本の指導者を探したところ、そもそも共同謀議など日本にはなかったことがわかったのだ。なぜなら日本の戦争は、国法をも蹂躙して独裁体制を敷いたナチスのような形で行われたのではなく、あくまでも国法に従い、国民世論のあと押しを受けながら行われたものであって、一部の人間たちが恣意で指導したものではなかったからだ。

しかし連合国はそれをあえて無視した。ヒトラーに匹敵するものと決めつけられた東条をはじめ、あるいは謀議のメンバーとでっち上げられた政府要職者、民間人学者をA級戦犯として裁き、そのうち7名を有無も言わさず処刑したのである。

国際法の権威であったパール判事を含め、この法廷で判事や検察官を務めた各国の人々のほとんどが、東京裁判は裁判の体をなしていなかったと認めている。

一方、日本でも「1951年に署名されたサンフランシスコ講和条約の第11条において、日本は東京裁判を受け入れると認めて主権回復したのだから、東条英機らがA級戦犯であるということは正しい」という意見がある。

しかし、サンフランシスコ講和条約第11条の英文は、

"Japan accepts the judgments of the International Military Tribunal for the Far East and of other Allied War Crimes Courts both within and outside Japan"

であり、受け入れたのは「judgments」、つまり「諸判決」なのだ。裁判全体を正しいものとして受け入れたのではなく、下された判決は受け入れる、というものだった。

これは当時なお服役していた「戦犯」への判決の効力を維持し、法廷が科した赦免、減刑、仮出獄などについては、連合国の同意を得て行わなければならないという意味なのだ。

ところが現在の日本では、「裁判を受け入れる」といった誤訳が広まり、東京裁判が正当な裁判だったと考えている人が多いのである。

また、この東京裁判を正当化して日本を批判しているのが中国や韓国政府だが、ところがそもそも韓国も中国もサンフランシスコ講和条約には参加していない。

韓国は日本と戦争したわけではないので、日本と講和する必要がなかったため、サンフランシスコ講和条約から除外された。

また、中国に関しては、中華民国と人民共和国が国共内戦を繰り広げ、どちらが中国を代表するかの意見がまとまらなかったため、参加しなかった。

その他、ソ連も冷戦による米国との対立から、この講和条約には署名しなかった。そのため、日本でも（アメリカを中心とした）単独講和か、（中国やソ連を含めた）全面講和かといった議論が起きたのである。

いずれにせよ、このサンフランシスコ講和条約と関係していなかった中国や韓国には、東京裁判やサンフランシスコ講和条約を盾に日本を批判する資格はないのだ。

そして現在の日本では、「戦犯」というものすらいないのだ。というのも、連合軍の占領解除後、国民の間では「戦犯」否定の声が高まり、死刑に処されなかった戦犯の釈放と名誉回復について、全国から4000万もの署名が集まった。

このような世論を背景として、1952年、社会党の堤ツルヨが提議し、国会では全会一致で「戦傷病者戦没者遺族等援護法」と「恩給法」の改正案が可決され、「A～C級戦犯」の遺族も戦没者遺族と同様、遺族年金、弔慰金、扶助料が支給され、さらに受刑者本人にも恩給も支給されるようになった。

つまり日本の国内法では、「戦犯」は犯罪者とは見なされなくなったのである。にもかかわらず、いまでも日本国内のメディアや政治家が「A級戦犯の合祀」を問題視するのは、国会の軽視にほかならない。

日本のメディアはことあるごとに、「戦争の記憶を風化させるな」と主張するが、この戦犯への名誉回復の署名や国会決議は戦後間もない50年代初頭、主権回復してすぐに行われたものだ。現在の日本より、よほど戦争の記憶がある時代だ。その頃の日本人が、「日本には戦犯などいない」と判断していたのである。

ともかく、こうして戦犯の遺族に「援護法」が適用されるようになったことで、1959年からは敵国によって刑死した「戦犯」も靖国神社に合祀されはじめた。

処刑された7名の「A級戦犯」については、65年から合祀の手続きが開始され、78年の秋季例大祭前日の霊璽奉安祭で合祀が行われたのである。

大日本帝国の語られざる歴史的貢献

日本の果たした貢献としてあまり注目されてこなかったのが、赤禍《せきか》（赤化＝共産主義化）の防衛だ。

19世紀に人類の夢だった植民地主義に代わり、20世紀に主流となったのが社会主義である。思想としての社会主義は、大正デモクラシーの時代に日本でも広がっており、それを学んだ清の留学生たちが祖国へ伝えたのだ。中国共産党の初期の指導者だった李大釗《りたいしょう》や陳独秀《ちんどくしゅう》は日本留学生であり、台湾共産党のルーツも日本民族支部だった。

１９２１年には中国共産党が成立、翌年にはロシア革命後のソビエト連邦が樹立された。ソ連は中国でも「赤禍」と呼ばれる脅威だが、革命浪人の孫文はソ連に支援を求め、コミンテルンの指導の下で国共合作・国共内戦へと突入していった。

成立間もないソ連は軍事大国を目指し、１９２４年にはモンゴル人民共和国という衛星国を樹立。中国の反日運動や西安事件などでも暗躍し、日中戦争をあおることで地下工作を進めていった。日本はソ連の軍事力だけでなく、反国体思想をも警戒していた。だからこそ満州建国以来、国家防衛手段として日米英・日支の共同防共体制を呼びかけてきたのである。

しかし日本は敗戦し、赤化の防波堤の役目をなさなくなった。その後は朝鮮戦争（北朝鮮をコミンテルンが援助）、ベトナム戦争（共産ゲリラ＝南ベトナム解放民族戦線や北ベトナムが中核）、東西冷戦など、共産圏との対立が延々と続いたのである。日本の敗戦は、アジア世界にとっても大きな損失だったといえるだろう。

大航海時代以来、世界は次第に西欧文明圏の支配下に入り、非西欧文明地域はその勢力圏に否応なく組み入れられてきた。

新大陸であった南北アメリカはポルトガル、スペイン、オランダ、イギリス、フランスの領土となり、アフリカ、中近東、太平洋の島々も同様だ。アフリカは19世紀半ばには分割が完了し、ドイツやイタリアも一足遅れて植民地競争に参入した。

インドはイギリスが獲得し、東南アジアも列強の手で分割された。ロシアはシベリアを越えてアラスカに勢力を伸ばし、北東アジアへも南下していった。アメリカもイギリスから独立し、太平洋に進出して日本に開国を迫った。

こうして19世紀末、地球は西欧諸国によってほぼ分割されつくしていた。清やオスマン・トルコといった陸の帝国も西欧に圧倒され、風前のともしび状態であった。タイ、チベット高原、エチオピアなど、列強の緩衝地帯となっていた地域以外は、ほとんど西欧の植民地、または保護領に転落していたのだ。日本が開国維新に失敗、もしくは日清・日露戦争で敗北していたら、やはり同じ道をたどっていただろう。

国家が近代国民国家に生まれ変わる過程では、動乱がつきものである。フランス革命、ロシア革命、あるいはインドネシア共産党を壊滅させた1965年のクーデター、カンボジアのポルポト政権などはいずれも流血の惨事だったが、明治維新は戊辰《ぼしん》戦争を経たが比較的迅速かつスムーズな改革だった。清の戊戌《ぼじゅつ》維新や立憲運動、イスラム世界であるイランのパーレビ国王による近代化策、ソ連の社会主義改革、中国の改革開放などは、いずれも明治維新をモデルとしている。

その後も日本は日清、日露といった難局を見事に切り抜け、列強の一員にのし上がった。その結果として、列強による中国分割は食い止められたのである。最終的に大東亜戦争で敗北したものの、終戦は列強の植民地時代に終止符を打つことになった。不思議な巡り合わせというべきだろう。

さらに日本は台湾、朝鮮、満州にも「文明開化、殖産興業」の輪を広げ、これらの地域に急速な近代化をもたらした。これこそ日本の植民地政策が「搾取」ではなく「支援」だったことの証明といえるだろう。ロシア帝国や中華帝国に組み込まれた諸民族がどうなったかを考えれば、大日本帝国統治の特異性は明らかである。

開国維新後、日本は「資源小国」から「経済大国」へと脱皮するノウハウを身につけた。そうした日本式の生産システムや政治形態、社会風習、文化様式が注ぎ込まれたことによって、台湾、朝鮮、満州は一気に近代化の花を咲かせ、戦後はそのインフラをもとに経済成長を遂げたのだ。これも日本による大きな貢献といってよいだろう。

最後に、歴史を繙《ひもと》く上での私なりの考え方を、箇条書きで紹介しておきたい。

1　歴史とはさまざまな事件の積み重ねであり、目先にとらわれず巨視的な視点を持つべきだ。
2　どの時代にもその時代なりの歴史社会条件や時代精神、価値観、限界があるのであって、現代の価値基準のみで評価するのは好ましくない。
3　日本史を語るには日本人としての立場や史説、史観を持つべきであって、欧米や中韓の立場から見るべきではない。
4　「侵略史観」はきわめて政治的な色彩が強い。美化する必要はないが、「近現代をつくった」という視座を持つべきである。
5　日本はアジアから搾取したのではなく、「布施」を施したというべきである。
6　戦後日本の「反省と謝罪」は、中国や韓国から押し付けられた「正しい歴史認識」への同調からくるものだが、それは歴史への冒瀆《ぼうとく》であり、犯罪行為にも等しい。7　日本の近現代の戦争を単純に否定・肯定してもあまり意味がない。私が関心を寄せているのは、歴史にどう貢献したかという点である。

戦後、日本を悪役とする東京裁判史観、コミンテルン史観に、当の日本人までが毒されて「反省と謝罪」を繰り返しているが、日本に責められるべき点があるとすれば、それは「戦争に負けたこと」だけだ。

台湾人の私が常々感じることだが、日本人は加害者意識が強く、被害者意識が少ない民族である。思いやりの心が強いこと、仏教の「他力本願」からくる「おかげさま」の思想が根付いていることなどが理由だろう。悪いのはすべて夷狄、と考える中華思想とは対照的すぎる。

満州事変後の国際連盟で、松岡洋右外相は「日本はむしろ被害者」と弁明しているが、これはむしろ少数派で、日本人は今なお「日本が加害者」という意識から抜け出せていない。だからこそ、中韓に歴史認識を持ち出されると及び腰になり、自国の神社の参拝さえままならない状態になってしまうのではないだろうか。

19～20世紀の列強時代、国民戦争や帝国主義戦争、内戦が多発していた。ロシア革命以後は「世界革命、人類解放」の思想も加わり、戦争は激化する一方だったのである。そんな中、一国だけが平和や中立を保てるはずがない。どうしても戦争を避けたいなら、相手に屈するしかないだろう。

もちろん、日本に全く非がなかったわけではないだろうが、70年後まで責め立てられ、尖閣諸島や竹島といった眼前の問題で引き合いに出されることではないはずだ。「反省と謝罪」も結構だが、「一億総懺悔《ざんげ》」でいつかは許してもらえると思っているのは日本人だけであることに気付くべきである。中国の江沢民主席が日本に対して「永遠に謝罪させる」と言い、朴槿恵《パククネ》韓国大統領が「千年の恨《ハン》」と公言するのは、まさしくこうした日本人の思い込みが誤りであることを示している。

おわりに

よくいわれるように、民族や宗教などが違えば、当然歴史観も異なる。国家や集団、個人でも例外ではない。だからそれぞれの歴史観や人生観が自由であるべきことは、民主主義の前提としてのみならず、憲法にも保障されている。

中国や韓国は日本に対してくりかえし独善的な「正しい歴史認識」を押しつけてくるが、日本のマスコミや文化人のなかには、「日中・日韓関係が悪くなる」「経済的な損失が大きい」などと言って、中韓の主張に従うべきだという論調がまだまだ強い。

もし、日本人が真実は別として中韓の主張に従わなくてはいけないということになれば、日本の国体や政体のみならず、文化や心、魂のありかたまでも失ってしまうだろう。

本書では、中国や韓国、そして日本における反日勢力が決して口にしない歴史の真実に光を当ててきた。それに加えて、最後に、これだけは知っておいてほしいということについて、以下の3項目にまとめる。

①自然の摂理や社会の仕組みから、日本は人類史で唯一の平和国家として、おのずから成る社会であった。江戸270年近くの平和、平安時代400年近くの平和が、その何よりもの証明である。それは人類にとっては貴重な文化遺産でもある。

②中国・韓国が日本について「侵略」や「虐殺」「搾取」だと非難する歴史的出来事は、日本を貶《おとし》めるための歴史歪曲であり、自国の文化、風習を日本に投影したものにすぎない。

③日本は神代から今日に至るまで、多元的な文化、思想、そしてあらゆる価値観を許容する社会である。中国、韓国のように、すべての価値や思想を統一していかなければならないような全体主義的な社会ではない。

自分たちの国のことは自分たちで決める。それが誇りある国と国民の姿である。他国の主張や恫喝を唯々諾々《いいだくだく》と受け入れてしまうことは、文化、文明の自殺・魂の死だけでなく、日本の死だと知るべきである。

【著者略歴】
黄　文雄（コウ　ブンユウ）
1938年、台湾生まれ。1964年来日。早稲田大学商学部卒業、明治大学大学院修士課程修了。『中国の没落』（台湾・前衛出版社）が大反響を呼び、評論家活動へ。1994年、巫永福文明評論賞、台湾ペンクラブ賞受賞。日本、中国、韓国など東アジア情勢を文明史の視点から分析し、高く評価されている。著書に17万部のベストセラーとなった『日本人はなぜ中国人、韓国人とこれほどまで違うのか』、『世界から絶賛される日本人』、『韓国人に教えたい日本と韓国の本当の歴史』『日本人はなぜ特攻を選んだのか』（以上、徳間書店）、『もしもの近現代史』（扶桑社）など多数。

◎黄文雄メルマガ
http://www.mag2.com/m/0001620602.html

中国・韓国が死んでも隠したい　本当は正しかった日本の戦争

第１刷――2014年２月28日
第３刷――2014年５月20日

著　者――黄　文雄
発行者――竹本朝之
発行所――株式会社徳間書店
東京都港区芝大門2－2－1　郵便番号105-8055
電話　編集(03)5403-4344　販売(048)451-5960
振替00140-0-44392
印　刷――(株)廣済堂
カバー印刷――真生印刷(株)
製　本――ナショナル製本協同組合

ISBN978-4-19-863767-5